상추
CEO

상추로 매출 100억을 일군
유기농업계의 신화 장안농장 이야기

| 류근모 지음 |

지식
공간

머리말

농업경영자 모임에 참가했을 때입니다. 한 분이 이렇게 물으셨습니다.
"류 대표님, 올해 매출이 얼마나 되나요?"
"상추 팔아봐야 얼마나 팔겠습니까? 올해는 100억 정도 될 것 같습니다."
"네? 상추로 100억이요? 쌀로 치면 1,000억, 고기로 치면 5,000억쯤 되는 매출 아닙니까?"

제 나이 마흔 때였습니다.
조경 사업 실패로 신용불량자가 되어 쫓기다시피 충주로 귀농했습니다. 손에 남은 것은 아무것도 없었고, 생활고에 등을 떠밀려 농사를 시작했습니다. 초기 자금은 어렵사리 융자받은 300만 원이 전부였습니다.
그로부터 17년이 지난 오늘, 장안농장은 자타가 공인하는 국내 최고의 유기농 쌈 채소 기업으로 성장했습니다. 과분한 관심 덕에 대한민국 신지식인에도 선정되었고, 국내 농업 분야의 노벨상이라

불리는 대산농촌문화대상도 수상하였습니다. 2011년에는 농업인 최초로 금탑 산업훈장도 받았습니다. 언론 매체를 통해 성공한 농업인으로 소개되기도 했습니다.

많은 분들이 제 성공담에 관심을 기울여 주셨습니다. 300만 원으로 어떻게 100억 매출 기업을 일구었는지 많이들 물으십니다. 그 궁금증 하나를 안고 지금까지 50만 명에 달하는 분들이 장안농장을 다녀갔습니다.

지금의 장안농장을 어떻게 일구었을까, 지난 17년을 돌이켜 봅니다. 어려웠던 많은 순간이 눈앞을 스치지만 무엇보다 다음의 말이 제가 드릴 수 있는 성공 비결입니다.
'안 된다'는 생각과의 싸움

농업에 승부를 걸기로 마음먹었기에, 숱한 밤을 지새우며 활로를 찾았습니다. 그렇게 아이디어를 얻어 실행에 나섰지만 사람들은 번번이 고개를 저었습니다.
"네? 상추를 택배로 팔겠다고요? 말도 안 됩니다."
"농사짓는 사람이 혁신인증을 받아서 뭐합니까?"
"브로콜리를 왜 잘라서 팝니까? 품도 많이 들고 남는 것도 없잖아요?"
"된장찌개 대회를 우리가 왜 엽니까?"

농사꾼이 무슨 마케팅을 하느냐, 농사꾼이 왜 빵집에서 교육을 받아야 하느냐, 농사꾼이 서비스는 잘해서 무엇 하느냐, 농사에 무슨 비즈니스 마인드를 접목하느냐, 예술경영이 뭐고, 영성 마케팅이 다 뭐냐, 남들도 안 하는데 왜 굳이 우리가 하느냐…… 안 된다. 안 된다. 안 된다.

된다는 이유는 하나도 없고, 안 된다는 이유는 무수합니다. 그 무수한 핑계와 안 되는 이유를 들으면서, 농사에 희망이 없는 것이 아니라 사람들 마음에 희망이 없다는 사실을 깨달았습니다.
지난 17년간 저는 사람들의 생각에 맞섰습니다.
그리고 이제는 '장안농장이 하면 모두 대한민국 최초'라는 말이 유기농업계에서 통용될 만큼 우리는 모든 불가능을 가능으로 바꾸어놓았습니다.

한물간 사업은 세상에 없습니다. 사양사업이란 따로 있는 것이 아닙니다. 제가 농사에 뛰어든 이후로 농업이 호황을 구가한 적은 단 한 번도 없었습니다. 제아무리 IMF의 위기 앞에서도 성공하는 사람은 있습니다. 다 쓰러지는 와중에도 살아남는 단 한 명은 존재합니다. 살아남은 그 사람이 희망입니다. 여러분 자신이 그 한 명이 되면 됩니다. 미리 한계를 긋지 마십시오. 희망을 포기하지 않는 한 살아날 길은 반드시 있습니다.
제가 바로 그 증인입니다.

저는 평범한 사람입니다. 아니 조금 모자란 사람입니다.

학벌도 없고, 물려받은 재산도 없습니다. 게다가 융통성도 없습니다.

정말 보잘것없는 사람의 부끄러운 이야기지만 기업을 운영하는 기업인과, 성공을 향해 달리는 직장인, 그리고 귀농을 꿈꾸는 이들에게 조금이나마 희망과 용기를 줄 수 있다면 더 이상 바랄 것이 없겠습니다.

상추의 저 붉은 빛깔은 그 누구의 피와 땀이며
상추의 저 푸른 빛깔은 그 누구의 하늘이요 희망인가

세상을, 농업을 고민하는 우리의 농업인과 사랑하는 가족에게 이 책을 바칩니다.

2012년 7월
채근당에서

Contents

Interview | 씨앗이 아닌 아이디어를 심다   10
글을 시작하며 | 미리 한계를 긋지 마라   26

01 유기농업계의 삼성전자를 향해
세계 최고를 향한 도전

1. 농업은 가장 공부를 많이 해야 하는 직종   36
2. 빈털터리로 시작한 장안농장   42
3. 유기농 첫 걸음을 떼다   52
4. 보약으로 쌈 채소를 기르다   66
5. 농산물의 반도체 공장을 세우다   76
6. 장안은 최고의 명품만을 고집한다   91

02 상추에 감동을 담아라

1. 품질은 최고, 판매는?   106
2. 채소를 소포로 파는 미친 놈   117
3. 대한민국 최초 유기농 쇼핑몰   127
4. 내가 이루고자 하면 먼저 상대가 이루게 하라   140
5. 판매 회사, 열 명의 농부(www.10farmer.co.kr)를 열다   152
6. 농업에 문화를 접목하다   158
7. 상추가 아닌 작품을 만들어라   179

03 장안농장이 가는 길이 대한민국 유기농업의 미래다

1. 농업에도 규모가 필요하다   186
2. 시스템 농업에 미래가 달렸다   193
3. 기업형 농장만이 살 길이다   202
4. 사람이 곧 자산이다   212
5. 나는 참 행복한 사람   218

04 1을 넣어 10이 나오는 요술 항아리는 없다
귀농과 성공을 꿈꾸는 분들에게

1. 농사는 드라마가 아니다   226
2. 농부는 하늘을 원망해서는 안 된다   232
3. 농장이 나의 사는 즐거움이요, 보람이라   238
4. 비우지 않고는 농부가 될 수 없다   244
5. 나의 성공 철학 1 : 내일 지구가 무너져도 나는 오늘 상추를 심을 것이다   250
6. 나의 성공 철학 2 : 변하지 않으면 내일은 없다   256

글을 마치며 | 2011년 11월 11일, 두 개의 1등 상을 받다   259
류근모의 귀농십계명   264

• Interview •

"씨앗이 아닌 아이디어를 심다"
상추 CEO 류근모의 창의적 사고법

Q '류근모' 하면 '아이디어로 농사짓는 사람'이라는 말이 떠오릅니다. 씨앗 대신 '아이디어'를 심으실 것 같다는 생각도 드는데요. 채소끼리 경쟁을 붙여서 품질을 높인다는 발상이나 채소를 우체국 택배(소포)로 배송하겠다는 생각, '부활 상추' 같이 톡톡 튀는 상품들, 그리고 또 최근에 '유기농 채소를 매주 한 차례씩 집으로 직접 배송해준다'는 콘셉트로 시작한 '장안배달식탁'도 그렇고, 아이디어가 참 돋보입니다. 류근모에게 '아이디어'란 무엇입니까?

류근모 글쎄요, '아이디어'는 저의 무기가 아닐까 싶어요. 제가 남들과 다를 수 있는 유일한 것이 '아이디어'니까요.
죽어라고 일하는 것은 더 이상 경쟁력이 될 수 없어요. 고객을 감동시키려면 '아이디어를 찾아내는 힘', 즉 생각하는 힘이 남달라야 해요. 저는 '생각' 속에 우리가 원하는 답이 있다고 믿고 있습니다.

생각은 참으로 놀라워요. 가령 170만 광년 떨어진 우주 어딘가에서 제2의 지구를 찾았다고 해보세요. 빛의 속도로 달려가면 170만 년을 쉬지 않고 날아가야 해요. 제가 물리학은 잘 모르지만 아마 그보다 더 빨리 갈 수는 없을 거예요. 하지만 '생각'은 어떤가요? 지금 눈을 감고 제2의 지구를 떠올려보세요. 우리 생각은 순식간에 그곳에 도달합니다. 생각은 모든 물리적인 조건을 뛰어넘습니다. 생각은 빛보다 빠르고, 우주를 품을 수 있을 만큼 넓습니다. 작아지려면 한없이 작아지고, 커지려면 한없이 커질 수 있는 게 생각이에요. 뚫지 못하는 장벽이 없으며 세지 못할 숫자가 없으며 상상하지 못할 모양이 없습니다. 생각 속에서는 모든 게 가능해요. 단지, 우리 스스로가 생각을 가로막지만 않는다면 말입니다.

Q 뱀은 허물을 벗는 동물로 알려져 있는데요. 뱀이 허물을 벗지 못하면 몸이 더 이상 자라지 못한다고 들었습니다. 자기 한계를 스스로 깨는 게 그만큼 중요하다는 얘기가 아닐까 싶습니다. 장안농장은 맨 바닥에서 출발하여 국내 유기농 1등의 자리에 올랐습니다. 그동안 부단한 혁신을 거듭한 결과라고 생각됩니다. 어떻게 자신의 한계를 뛰어넘어 오셨는지 궁금합니다.

류근모 장안농장도 마찬가지고, 대한민국 농업도 그렇습니다. 만일 한계를 극복하고 더 높은 곳으로 오르려고 한다면 농업 자체에서 해법을 찾아서는 안 됩니다. 전혀 다른 분야에서, 전혀 다른 이야기에서 힌트를 얻어야 해요. 미국이나 중국, 유럽, 일본처럼 이미 규모에서나 기술력에서 경쟁력을 갖고 있는 나라들이 있어요. 그들을 이기려면 그들이 할 수 없는 것을 해야 해요. 그게 뭘까요? 저는 낯선 것, 이질적인 것을 계속 결합시키는 것이라고 생각해요. 그렇게 해야 전에 없던 농업이 탄생한다고 생각해요.

예전에 SK로 특강을 나간 적이 있어요. SK는 IT기업이잖아요. 이 기업에서 저와 같은 농부에게 배울 게 뭐가 있을까요? 농사짓는 법? 그거 안다고 SK에 무슨 도움이 될까요? 그런데도 그들이 나를 초청했어요. 강사료까지 챙겨주면서 말이에요.

SK가 제게 듣고 싶어 했던 것은 '혁신'에 대해서였어요. 제가 농업 분야에서 혁신을 잘한다고 하니까 그 얘기를 듣고 싶었던 거죠. 그런데 저는 이미 SK가 혁신을 하고 있다고 생각했어요. IT기업이 농부를 불러서 배우고자 하는 태도. 이게 혁신이지 뭡니까? 저를 불러봤자 답이 나올지 안 나올지 모르는데 일단 부릅니다. 그들 분야의 전문가에게 해답을 얻는 것이 아니라 낯선 분야에서 해답을 구해보려고 해요. 저는 이런 자세가 무척 중요하다고 생각해요. 이렇게 낯선 것과 교류하는 가운데 새로운 아이디어가 생기거든요. 거기에서 혁신이 시작되지요.

Q 막상 좋은 생각이 떠올라도 주위의 지지를 받지 못해서 사장되는 경우도 있습니다. 지금도 대표님이 뭘 하신다고 의견을 내면 주위의 반대가 심한가요?

류근모 (웃음) 말도 말아요. 얼마 전에도 그런 일이 있었어요. 우리나라 대표 음식이 된장찌개라고들 하잖아요. 그런데 우리나라에 된장찌개 관련 공식 대회가 없었어요. 이거다! 싶었죠. 그래서 된장찌개/쌈장 경연대회를 열자고 직원들에게 얘기를 꺼냈어요. 예상하다시피 거의 다 반대했지요.
'도대체 그런 걸 왜 하느냐', '굳이 우리가 하지 않아도 되지 않느냐', '순창도 아니고 된장찌개 축제라니!'
물론 저는 상추를 재배하는 사람이지 된장과는 거리가 멉니다. 하지만 아이템에 대한 신념만큼은 확고했어요. 그래서 다들 반대하는 행사였지만 1,000만 원을 투자해서 대회를 치렀습니다. 시간이 지나면서 광고 효과가 나타났어요. 효과를 수치로 계산해 보니까 50억 이상이라고 하더라고요. 500배의 효과를 거둔 셈이죠.

물론 실패할 수도 있었어요. 그러나 실패보다 더 무서운 건 '안 된다'는 생각이에요. 의외로 구더기 무서워 장 못 담그는 사람들이 많아요. 안 된다는 마음 때문에 시도조차 못해요. 시도를 하지 않았으니 물론 실패야 없겠지만 그렇다고 성공도 거둘 수 없겠지요. 스스로 기회를 차단한 채 남들이 하는 플레이만 지켜봅니다. 미래는 만들어가는 거라는데 남들이 만드는 세상에 수동적으로 반응하는 게 전부가 됩니다.

지금도 안타깝게 여기는 게, 왜 순창은 된장찌개 대회를 열지 않았을까요? 하는 점입니다. 어쩌면 그럴 필요가 없다고 생각한 것일지도 몰라요. 그렇게 하지 않아도 순창의 권위는 떨어지지 않으니까. 아마 그래서 더 보탤 필요가 없다고 여긴 것 같아요. 안타까운 일이에요.

〈나비에게 희망을〉이라는 책이 있어요. 애벌레는 때가 되면 나비가 되기 위해 번데기 과정을 거쳐요. 그런데 말입니다. 애벌레 시절의 생각만으로 나비가 될 수 있을까요? 예전 생각이 한계를 만들어요. 마찬가지로 1등이라는 생각이 발목을 잡습니다. 1등이라는 생각을 버려야 그 다음을 넘볼 수 있어요.

Q 하나를 하더라도 남들과 똑같이 해서는 직성이 안 풀리시는 모양입니다. 최근 '감성 마케팅'의 한계를 뛰어넘으려면 '영성 마케팅'이 필요하다고 말씀하셨는데 어떤 뜻인가요?

류근모 영성이라고 하니까 좀 어렵게 느끼시는 것 같습니다. 알고 보면 참 쉬운데요, 전혀 종교적인 얘기도 아니고.

이해를 돕기 위해 한 가지 예를 들어 볼게요. 가끔 강의에 나가면 그림을 보여주면서 이렇게 말합니다.

"여러분은 이 그림을 보십니까? 저는 이 그림을 듣습니다. 그림이 담고 있는 이야기를 들어야 그림이 보입니다."

또 음악을 들려주면서 이렇게 말하죠.

"여러분은 이 음악을 듣습니까? 저는 이 음악을 봅니다. 음악의 선율이 간직하고 있는 이미지를 떠올려야만 진정 음악이 들립니다."

우리는 음악은 귀로 듣고 그림은 눈으로 보는 것이라고 알고 있습니다. 하지만 정말 좋은 노래는 귀를 즐겁게 하는 노래가 아니라 마음을 움직이는 노래입니다. 기교적으로 뛰어난 노래보다 조금 못 불러도 애절함이 담긴 노래가 더 끌리잖아요?

우리가 흔히 말하는 '감성 마케팅'이란 귀를 즐겁게 하는 것을 말해요. 반면 '영성 마케팅'이란 마음을 울리는 마케팅을 말합니다. 광고만 하더라도 얼마나 감각적인 광고물이 많습니까? 시청각적으로 즐거운 경험을 주는 광고물은 정말 넘쳐납니다. 그러나 그게 전부입니다. 감각에만 호소할 뿐 마음을 파고들지 못해요. 요즘은 페이스북이나 트위터를 통해서 단문 메시지로 홍보하는 기업도 많은데 대부분이 무미건조한 메시지뿐입니다. 소란스럽고, 일방적이지요. 말초적인 자극을 추구하다 보니까 당연히 깊은 울림이 없습니다. 감동이 없고 그저 자극적인 달콤함만 있습니다. 기업들이 다 자극만 추구하니까 소비자들이 지치는 거지요. 아이돌로 대표되는 자극적인 대중문화가 극대화되다 보니까 반대급부에서 심금을 울리는 노래에 대한 향수가 올라오듯이 말입니다.

자극적인 감성 마케팅이 지닌 한계를 극복하기 위해서는 사람의 영혼을 생각해야 해요. '감각, 감성' 이런 단어는 듣기에는 좋지만 깊이와 울림이 없잖아요. 예컨대 인터넷을 통해 단 한 문장의 글을 던지더라도 일본의 짧은 시 하이쿠처럼 미학과 감동을 줄 필요가 있어요. 씹을수록 세월의 깊이를 느낄 수 있는, 맛과 향이 은은히 퍼지는 그런 접근이 필요하다고 생각합니다. 그게 제가 하고 싶은 '영성 마케팅'입니다. 화려함보다는 진정성을, 날카로움보다는 따스함을 추구합니다. 본질적으로는 사람을 위한 마케팅이 되는 거죠. 그런 마케팅의 일환으로 네이버에 카페를 개설하여 하루 5편의 글과 사진을 올리고 있는데요. 아직은 부족하지만 카페 회원 수 100만 명을 목표로 삼고 있습니다.

Q 영성 마케팅의 일환으로 서비스 중이거나 기획 중인 상품은 없습니까?

류근모 최근 개발하여 서비스하고 있는 상품 중 하나가 〈장안배달식탁〉입니다. 이 상품의 기획 의도는 '엄마가 차려주는 밥상'입니다. 엄마의 밥상, 모두가 원하는 거죠. 그런데 일상에서 그게 쉽지 않거든요. 모든 게 풍요로워졌지만 좋은 재료를 선정하고 좋은 식단을 만드는 게 과거보다 힘들어졌습니다.

그걸 우리가 대신하면 어떨까 싶었습니다. 엄마표 식단의 특징은 '내 자식의 입으로 들어가는 음식이므로 특별히 건강하고 특별히 깨끗하고 특별히 정성을 담아야 한다'입니다. 건강한 식재료, 몸에 좋은 식재료는 이미 우리가 생산하고 있었고, 다만 영양소를 골고루 섭취할 수 있도록 영양사와 한의사의 자문을 얻어 영양 식단표를 작성했습니다. 그리고 식단표에 맞춰 1주일 정도 섭취할 수 있는 식재료를 정성스레 선별하여 매주 한 차례씩 집으로 배달하는 것이 〈장안배달식탁〉입니다. 마트에서 장을 보는 비용보다 저렴하고 한 달에 네 차례 집에서 받아볼 수 있고 품질 경쟁력도 갖추고 있습니다.

어떻게 보면 정말 단순한 서비스 상품인데요, 저는 개인적으로 이 사업이 농업에 변화를 가져오지 않을까 생각하고 있습니다. 왜냐하면 이 서비스는 농업과 도심을 다이렉트로 연결시키기 때문입니다. 이런 서비스를 신청하는 사람들의 숫자가 늘면 유통구조에 서서히 변화가 일어날 것이고, 우리 일상에도 적지 않은 변화가 따를 것으로 생각됩니다. 물론 여기에는 도심의 소비자와 농촌 사이의 신뢰가 필요합니다. 저는 우리 장안농장이 이런 역할을 할 수 있다고 생각합니다.

그리고 또 국내 최초의 장안유기농 양배추즙도 그런 상품입니다.

Q 하나의 아이디어가 싹을 틔워 결실을 맺기까지는 오랜 인고의 시간이 필요하다는 생각이 듭니다. 많은 시간과 노력을 들여서 키웠는데 열매를 맺지 못할 수도 있고요. 우리는 늘 성공한 사례만 보기 때문에 참고 견디는 시간에 대해서 조금 간과하는 경향이 있는데요, 대표님의 경우도 결과물이 나오기 전까지는 참 견디기 힘드셨을 것 같다는 생각이 듭니다.

류근모 주변 사람들이 그럽디다. 혼자 신세 볶는다고. (웃음) 한때 저는 세상 사람들이 저를 인정해주지 않는다고 실망하고 서운해하기도 했어요. 이선희 노래 중에 〈누가 나를 알까요〉라는 곡이 있는데 제 심정을 대변하는 것 같아서 참 많이 들었지요. 사실 우리는 성과가 있어야 인정을 하잖아요. 실제로는 이전의 실적이 이후의 실적을 보장하는 것은 아닌데도 말입니다. 어쨌든 제가 뭐만 한다고 하면 다들 뜯어 말리기 바빴지요. 마음에 여유가 생긴 것은 근래 들어서예요. 이제는 노래도 신나는 걸로 듣고 있고요.

농업뿐 아니라 그 어떤 일도 마찬가지라고 생각해요. 성공에 이르기 위해서는 누구나 고독을 씹어야 해요. 농업만 해도 성공하기 위한 방법은 많이 알려져 있습니다. 그럼에도 불구하고 많은 이들이 외롭고 쓸쓸하게 실패의 고독을 맛보죠.

먼저 성공에 이른 사람으로서 그들의 실패를 간과하고 싶지 않아요. 제가 거둔 성공은 저 혼자만의 성공이 아니거든요. 저의 성공이 가깝게는 농업 사회에, 그리고 농업을 생각하고 있는 젊은 이들에게, 나아가 다른 분야의 사람들에게 영향을 끼치고 있으니까요. 그래서 이제는 농업을 위해, 사람들을 위해 기여하고 싶습니다. 나 혼자 무언가를 일구며 사는 시기는 지나간 것 같습니다. 말하자면 저는 우리나라 농업의 발전에 대한 부채의식이 있습니다. 먼저 성공한 사람으로서 이 부채의식을 갚아가고 싶습니다. 저보다 빨리 갈 수 있는 길이 분명 있다고 믿거든요.

Q 회사에도 젊은 분들이 많을 텐데요. 그들에게는 어떤 조언을 들려주시나요?

직원들이 '장안대학'이라고 부르는 사내 대학이 있어요. 제가 특강을 하거나 외부 특강으로 주로 수업이 이루어져요. 그런 자리를 통해 지속적으로 자기 계발을 할 수 있도록 챙기려고 해요. 그런데 우리 회사 직원들이 대부분 30~40대로 젊은 편인데 간혹 이직이 있어요. 이직을 결심한 분들에게 이유를 물어보면 봉급 10만 원을 더 준다거나 주 5일 근무 같은 조건 때문에 옮긴다고 해요.

지금 당장은 10만 원, 20만 원이 큰 액수 같지만 10년 후, 20년 후를 생각하면 그렇지 않거든요. 더 중요한 게 있어요. 미래와 비전을 키워주는 회사에 있다는 사실이 중요하지요. 제 입으로 말하기는 그렇지만 저는 그런 회사를 만들기 위해 노력합니다. 물론 회사를 다니는 것만으로는 안 되고 본인도 노력을 해야지요. 저는 직원들에게 독서를 강조합니다. 책값은 회사에서 다 줄 테니까 열심히 읽으라고 장려하지요.

저는 농부예요. 우리 회사는 당연히 농장이죠. 그런 회사의 특성상 주 5일은 좀 어려운 부분이 있어요. 주말에는 상추들더러 쉬라고 할 수 없잖아요. 물론 노력은 하고 있지만 무조건 된다고 약속하는 대신 미래를 심어주려고 노력하고 있어요.

그런데도 나간다고 하면 어쩔 수 없지요. 세상을 쉽게 살아보겠다는 건 나쁜 생각이 아니지만 사실 사는 건 쉬운 일이 아니거든요. 사는 건 원래 어려워요. 나이 들면 사는 게 힘들다는 걸 저절로 알게 돼요. 갈수록 어려워지는 게 인생인데 처음부터 쉽게 가려고 하면 나중을 생각할 때 조금 위험하지요.

 직원을 채용할 때 주로 어떤 점을 보십니까?

류근모 일을 못하는 건 괜찮아요. 하려고 하는 자세가 중요하지요. 엑셀이나 보고서 쓰는 법은 붙잡고 가르치면 다 되거든요. 그런데 아무리 돈을 투자해도 안 되는 일이 있어요. 자세죠, 자세. 억만금을 주어도 바꿀 수 없는 게 자세예요.
저는 직원들에게 이렇게 말해요. 우리 인생을 바꾸는 것은 복잡한 공식에 있지 않다고. 약속시간 15분 전에 당신이 어디에 있는가가 당신의 인생을 결정하는 요인이라고 말해줘요. 나는 가급적이면 약속시간에 재빠르게 움직여서 늘 15분 전에는 약속장소에 가 있으려고 해요. 미리 움직이면 그만큼 여유롭고, 보이는 게 많아지기 때문에 더 많은 생각들을 캐치할 수 있고, 하다못해 상대방에서 좋은 인상이라도 남겨줄 수 있죠. 인생에 있어 그 15분이 바로 자신의 경쟁력인 거에요. 그런 자세는 돈을 주고 살 수 없어요.
그런데 이런 자세는 다른 무엇이 아닌 꿈에서 나오는 것 같아요. 꿈이 있는 친구들은 자연스럽게 자세를 갖추고 있거든요. 그래서 능력보다 꿈을 물어봐요. 20년 후에 무얼 하고 싶으냐고 묻지요. 꿈은 참 중요해요. 누구나 회사에 다니다 보면 사장이 마음에 안 들 수 있어요. 함께 살 부비며 산 가족과도 싸울 때가 있는데 사장하고 어떻게 마찰이 없을 수가 있겠어요. 이때 꿈이 없다면 그 순간을 견디기 힘들지요. 먼 데 목표가 없는 사람은 작은 돌부리에 걸려서 주저앉기 마련이에요.

Q 조금 화제를 돌려보겠습니다. 들리는 소문에 강사료가 1,000만 원이라는 얘기가 있던데요.

류근모 제가 우리나라 최초로 이룬 게 많습니다. 농업인으로는 처음으로 한 시간 강의에 1,000만 원을 받지요. 물론 실제로 받은 적은 없습니다. (웃음)

제가 한 시간에 천만 원이라고 하는 이유는 그만큼 받고 싶다는 뜻은 아닙니다. 다만 제가 하는 강의의 진정성을 말씀드리고 싶은 거예요. 말재주는 없어서 서툴지만 제가 드리는 말씀들은 결코 쉽게 나온 게 아니거든요. 책을 짜깁기해서 정리하는 강의가 아니고, 제가 직접 경험하고, 실패해보고, 고민해보고, 만 권의 책을 읽은 뒤에 나온 이야기예요. 또한 우리나라에서 축산, 관광농원, 채소, 수도작, 근채류, 유기농, 발효, 온라인, 마케팅, 물류, 가공과 같이 농업과 관련된 모든 분야의 질문에 답할 수 있는 사람은 드물거든요. 그렇게 때문에 '제 강의는 한 시간에 천만 원입니다.'고 말하는

겁니다. 조건도 겁니다. 만약 감동이 없거나 생각할 거리를 던져주지 못한다면 강의료를 받지 않겠다고 말이지요. 그래서 제 별명이 '또라이'입니다. 저는 그 별명이 좋습니다. (웃음)

강의 가면 편하죠. 선생님 소리 해주고, 편리하고, 돈도 좀 들어오고요. 하지만 그게 제 길이라고는 생각지 않습니다. 그건 제가 아니어도 할 사람 많습니다. 다만 제가 가려는 먼 길에 한 번쯤 들러야 할 과정일 뿐이라고 생각하기 때문에 아주 거절하지는 않고 있어요. 그럼 제가 가야 할 먼 길은 무엇이냐…… 제 근본은 농업입니다. 제 아버지께서 그러셨지요. 농사짓는 사람이 다른 집 가서 품 파는 거 아니라고. 다른 데 가서 선생님 소리 들으며 대접받는 거는 제게 중요한 게 아닙니다. 농사에 충실한 게 더 소중하지요.

Q 우리 모두가 원하는 것은 성공입니다. 물론 성공의 정의는 사람마다 다를 것 같습니다. 2011년 11월 11일 농업인으로는 처음으로 금탑산업훈장을 받으셨고, 같은 날 이마트에서도 협력기업 부문 윤리경영 우수기업에 선정되는 등 이제는 매출뿐 아니라 기업 인지도 등을 포함해서 명실상부 1등 기업이 되었는데요. 대표님께서 생각하는 성공이란 어떤 것인지 궁금합니다.

류근모 저에게 성공은 종착지가 아니고 시작입니다. 저는 지금의 자리에 오르기 위해 늘 새로움을 시도했습니다. 과거에 연연할

틈이 없었어요. 그렇게 해서 지금에 이르렀는데요, 그렇다면 지금은 또 어떻게 해야 할까요? 당연한 얘기겠지만 지금까지의 성공 스토리는 모두 잊고 새롭게 시도해야 합니다. 그래서 성공은 끝이 아니라 새로운 시작입니다.

이세돌 바둑 9단이 자신의 수를 다 읽히면 안 되는 것처럼, 새로운 수를 개발하지 않으면 안 되는 것처럼 과거는 계속 잊어야 해요. 나의 경우도 그렇죠. 늘 성공의 기억을 지우려고 해요. 새로운 수를, 더 어려운 과제를 스스로에게 부여합니다.

그렇게 생각하면 저는 아직 성공한 사람이 아니기 때문에 잃을 것도 없고 두려울 것도 없어요. 늘 시작인 사람이기 때문에 그래서 용기를 낼 수 있어요.

2012년 신년에 대통령과 만난 적이 있어요. 대통령 식탁에 장안농장 상추가 올라갔거든요. 그때 대통령이 이렇게 말씀하셨습니다.

"상추 정말 잘 키웠데요."

저에게 성공이란 내일 누군가에게 '상추 잘 키웠다'는 소리를 듣기 위해 오늘 부단히 노력하는 것이 아닐까 싶습니다.

참, 마지막으로 드리고 싶은 말씀이 있는데요. 혹시 서울에 빌딩 가지신 분 가운데 공간을 제공해줄 분이 계신지 궁금해요. 국민식당을 만들고 싶거든요. 국민 누구나 저렴하게 맘껏 먹을 수 있는 공간을 만드는 게 제가 요즘 꾸고 있는 작은 꿈입니다.

(인터뷰/정리 : 최지혜)

●

'요즘 불경기라서 사업이 어려워요.

요즘 경기가 어려워서 손님들이 없어요.'

성공을 꿈꾸고 있다면 이런 말을 절대 입 밖에 내서는 안 된다.

축구선수 박지성이나 박주영이 골을 넣을 때 어떤가?

수비수가 가만히 있고, 골키퍼가 자리를 비켜주는가? 아니다.

상대팀은 어떻게든 공을 따내기 위해 태클을 걸고, 어깨로 밀치고,

두 겹 세 겹 에워싸며 압박을 가한다.

그 많은 태클과 공격들을 이겨내야 소중한 한 골을 넣을 수 있는 것이다.

사업도 마찬가지이다.

제아무리 IMF라도 반드시 성공하는 사람은 있기 마련이다.

다 쓰러지고 단 한 명만이 남더라도 희망은 품을 수 있다.

내가 바로 그 한 명이 되면 된다.

미리 그 한계를 그어서는 아무것도 이룰 수 없다.

●

글을
시작하며

글을 시작하며

미리 한계를 긋지 마라

안 되는 사람은 안 되는 이유부터 찾는다.
'여건이 너무 안 좋아. 이번 일은 잘 안 되겠어.'
'경기가 이렇게 나쁜데 나라고 잘 되겠어?'
부정적인 사람들은 실패를 미리 염두에 두고 핑곗거리부터 찾는다. 그러니 될 일도 안 되는 법이다.

하루는 시간이 비어서 대형마트에 잠시 들렀다. 저녁시간이라 마트는 장 보는 주부들로 북적거렸다. 가장 바쁜 곳은 식품매장. 안 그래도 복잡한 길목에 사람들이 한 줄로 늘어서서 뭔가를 기다리고 있었다. 가서 보니 가격표를 붙이려고 선 사람들이었다. 손님들은 저마다 봉지를 들고 있었는데 브로콜리를 구입한 분이 가장 많았다.

당시는 지금처럼 브로콜리를 작게 잘라서 팔던 시절이 아니었다. 브로콜리마다 무게가 달라 일일이 무게 재고 바코드 붙이느라고 저렇게 줄이 길게 이어졌던 것이다. 그때 번개처럼 이런 생각이 스쳤다.

'브로콜리를 일반 공산품처럼 표준화해서 판매할 수는 없을까? 주부들한테는 일분일초가 아까운 저녁 시간이 아닌가?'

다음 날 직원들에게 브로콜리를 표준화하는 방안을 논의해보자고 제의했다. 그랬더니 직원들이 난색을 표한다.

"사장님, 브로콜리가 큰 것도 있고 작은 것도 있는데 그걸 어떻게 표준화합니까?"

"맞습니다. 채소라는 게 공산품도 아니고, 일일이 규격에 맞춘다는 게……."

순간 화가 났다.

"아니 이 친구들아, 왜 안 된다는 생각부터 먼저 하는 거야?"

그렇다고 순순히 들을 친구들이 아니다.

"브로콜리를 표준화하는 게 비용이 들고 어려우니까 사람들이 안 한 거겠지요. 다른 데서도 못 하는 걸 우리가 어떻게 한다는 말씀이세요."

"쉬운 일이었으면 우리한테까지 차례가 왔겠어? 쉬우면 남들이 다했겠지. 어려운 일이니까 우리한테 차례가 돌아온 거 아니야?"

브로콜리는 크기가 제각각이다. 당연히 무게도 제각각. 이 문제를 해결하기 위해 우선 전체 평균을 내서 표준중량을 정했다. 다음은 이 표준중량을 기준으로 이보다 무거운 브로콜리는 조금씩 잘라냈다. 잘라낸 브로콜리 조각은 따로 모아서 알뜰형 상품으로 출시했다. 이렇게 표준화에도 성공하고 동시에 기존에 없던 신상품을 만들어냈다. 소비자뿐 아니라 마트의 반응도 뜨거웠다.

성공과 실패의 차이는 의외로 간단하다. 성공할 것이라고 믿는 사람은 성공하고, 실패할 것이라고 믿는 사람은 실패한다. 대부분의 실패는 '안 된다'는 그 마음에서 비롯된다. 무의식중에 똬리를 틀고 있는 그 고정관념이 '이 일은 정말 불가능해.' 하고 속삭이면 그는 정작 해보지도 않고 포기한다. 남들이 들으면 섭섭한 말이겠지만, 사람들과 내가 다른 점이 있다면 바로 이 점이다. 나는 성공한다고 믿고, 그들은 실패한다고 믿는다.

사람들은 이렇게 묻는다.

"성공하리라는 것을 알고 계셨습니까?"

그러나 이런 질문은 곤란하다. 나 역시 성공을 미리 장담할 수는 없기 때문이다. 성공을 믿는다는 말은, 안 된다고 미리 한계를 긋지 않겠다는 뜻일 뿐이다. 가능한 모든 것은 다 상상해 보고, 시도해 본 뒤에 성패를 논해도 늦지 않다고 생각한다.

에디슨의 유명한 일화가 있다. 필라멘트의 재료를 찾기 위해 1만 번의 실험을 거듭했으나 모두 실패하고 끝내 일본 대나무에서 답을 찾아낸 에디슨이 말했다.

"나는 1만 번을 실패한 것이 아니라, 필라멘트의 재료로 적합지 않은 1만 가지 재료를 발견한 것이다."

유기농 누룽지를 만들 때도 직원들의 반대에 부딪쳤다. 당시 판매되는 누룽지는 동그란 모양이 주류였다. 그런데 운송 도중 깨지고 부서져 동그란 누룽지는 찾아보기가 힘들었다. 더구나 동그란 모양을 고수하니 상자도 커야 하고, 따라서 원가도 높아질 수밖에 없었다.

"동그란 누룽지를 고집할 게 아니다. 반으로 쪼개자!"

직원들이 고개를 저었다.

"누룽지는 당연히 동그래야 하지 않습니까?"

"반으로 쪼개면 사람들이 좋아할 리가 없습니다."

"이 친구들아, 왜 안 된다는 생각부터 하는 거야. 세상에 누룽지가 동그래야 한다고 누가 그래? 법으로 정해져 있어? 반으로 쪼개면 부서지지도 않고, 양이 적은 사람들은 남길 일도 없으니 얼마나 효율적이야."

바나나 우유가 노란색이어야 한다는 것도 고정관념이고, 딸기 우유가 빨개야 한다는 것도 고정관념이다. 이런 부정적인 사고는 경험이 많을수록, 배운 것이 많을수록 빠지기 쉬운 함정인 듯하다. 자신의 경험이나 이론에 발목이 잡혀 단 한 걸음도 앞으로 나아가려고 하지 않는 사람들을 볼 때마다 안타까운 마음이 든다.

특히 이런 부정적인 사고방식이 게으름과 연결되어 있을 때는 정말 싫다. 귀찮게 여기는 마음 때문에 '안 된다'고 말하는 것만큼 미운 것도 없다. 쉽고 편한 일이라면 왜 우리에게 기회가 찾아왔겠는가?

그래서 틈만 나면 직원들에게 편한 일거리를 찾으려고 하지 말라고 주문한다.

"편한 건 우리 차례가 아니다. 쉽게 돈을 버는 일이라면 서울대, 포항공대, 카이스트 나온 친구들도 많은데 왜 하필 우리에게 차례가 돌아오겠어."

안 된다는 생각은 우리 주변에 팽배해 있다.

2005년 12월에 새로 사업을 추진하면서 조직을 개편하고 인력을 채용하려고 마음을 먹고 있었다.

"내년에는 농장 식구 5명, 포장하는 아주머니 3명, 그리고 사무실에 2명 총 10명을 충원할까 합니다."

그러자 직원들이 눈을 동그랗게 뜬다.

"네? 10명이나요? 경기가 이렇게 어려운데요."

"다른 농장들은 불경기라서 감원에 나섰다는데 우리만 너무 무리하는 거 아닙니까?"

"맞습니다. 우리보다 큰 업체들도 요새 사업하기가 너무 힘들다고 난리가 아니던데요."

경기가 어렵다는 말을 부정하는 것은 아니었다. 그런데 경기가 좋은 날이 1년에 과연 며칠이나 될까? 나는 경기가 어려워 사업하기가 힘들다는 말에 동의하지 않는다. 공부나 운동도 마찬가지. 누군 뭐 집안 사정이 좋아서 서울대 가고, 유학 가는가? 교육에도 빈익빈 부익부가 있다는 말이 틀렸다는 것이 아니라 오로지 그것 때문에 안 된다는 그 생각만큼은 참을 수 없다.

축구선수 박지성이나 박주영이 골을 넣을 때 어떤가? 수비수가 가만히 있고, 골키퍼가 자리를 비켜주는가? 아니다. 상대팀은 어떻게든 공을 따내기 위해 태클을 걸고, 어깨로 밀치고, 두 겹 세 겹 에워싸며 압박을 가한다. 그 많은 태클과 공격들을 이겨내야 소중한 한 골을 넣을 수 있는 것이다. 사업도 마찬가지이다.

'요즘 불경기라서 사업이 어려워요. 요즘 경기가 어려워서 손님들이 없어요.'

성공을 꿈꾸고 있다면 이런 말을 절대 입 밖에 내서는 안 된다. 제아무리 IMF라도 반드시 성공하는 사람은 있기 마련이다. 다 쓰러지고 단 한 명만이 남더라도 희망은 품을 수 있다. 내가 바로 그 한 명이 되면 된다.

미리 한계를 그어서는 아무것도 이룰 수 없다.

●

최고를 향한 도전은 내게 삶이다. 과연 내가 언제까지 도전할 수 있을까?

더 이상 시도하지 못할 때 아마도 그것은 내게는 죽음의 순간이리라.

이 육신이 살아 있을 때까지는 도전해 보는 것이 삶에 대한 나의 의무라고 생각한다.

편안한 삶이 그립다면 그때는 더 이상 살 이유가 없다.

시간이 허락하는 한에서 나는 내 한계에 도전할 것이다.

●

01

유기농업계의
삼성전자를 향해

세계 최고를 향한 도전

chapter 01

농업은 가장 공부를 많이 해야 하는 직종

형님, 이런 아이디어를 어떻게 생각하신 거예요?

농업만큼 접목과 응용이 미개척지로 남은 분야도 드물 것이다. 한 번은 아는 후배가 물었다.

"형님, 전번에 상추 밭에 케일 섞어 심는 방법을 알려주셨잖아요. 그런데 그런 아이디어를 어떻게 생각하신 거예요?"

"그래, 그런 얘기를 한 적이 있었지. 사실은 신문에서 본 거야. 오징어를 운반하는 사람들이 폐사율을 줄이려고 천적 물고기 1~2마리를 함께 넣는다더라고."

"천적이요? 아니, 그럼 오징어가 남아나는 놈이 없겠네요."

"물론 몇 마리는 잡아먹히겠지. 그렇지만 허약한 놈 한두 마리에서 그치니까 큰 피해는 없어. 오히려 천적 덕분에 오징어들이 긴장하니 폐사율이 줄어드는 효과가 있다고 해."

"달리 말해, 오징어들이 살려고 버둥거리다 보면 몸을 움직일 것이고, 그러면 건강한 상태를 유지한다는 말씀이네요."

"옳지, 그런 셈이지. 어때, 해보니까 확실히 효과가 있지?"

보통 유기농 농가에서는 쌈 채소를 재배할 때 종류별로 묶어서 심는다. 상추는 상추대로, 케일은 케일대로 말이다. 이렇게 따로 심는 이유는 관리가 편하고 수확이 수월하기 때문. 나 역시 다른 사람들처럼 종류별로 묶어서 재배하고 있었다. 그러다 천적을 통해 오징어 폐사율을 줄일 수 있다는 인터뷰 기사를 읽게 되었다. 잘만 하면 우리 농장에 적용할 수 있을 것 같았다.

우선 든 생각은, 식물의 천적인 벌레를 풀어놓는 방법. 사람들이 들으면 미쳤다고 하겠지만 일단 생각이라도 자유로워야 한다는 것이 내 지론이다. 물론 이 방법은 쓰지 않았다. 상추가 오징어처럼 도망칠 수 있는 것도 아니고, 더구나 벌레에 노출된 상추는 스스로를 보호하기 위해 독성을 내뿜기 때문이다.

그렇게 며칠을 고민한 끝에 떠올린 방법이 경쟁이었다.

'천적'이 키워드가 아니라 '살아남기 위한 노력'이 핵심이 아닌가? 채소끼리 경쟁을 시키면 똑같은 효과를 거둘 수 있지 않을까? 그래서 2~3가지 쌈 채소를 한 곳에 심는 방안을 착안하게 되었다.

그날 이후로 가장자리에 상추를 심고, 중앙에는 케일을 심었다.

한 밭에 서로 다른 채소를 함께 심으면 채소끼리 좋은 영양분을 흡수하기 위해 경쟁을 벌인다. 당연히 채소들은 경쟁에서 살아남기 위해 총력을 기울인다. 그 결과 채소는 건강해지고 병충해에 강해진다. 반면 종류별로 채소를 나눠 심으면 긴장할 일이 없으니 병충해에 약해진다. 적당한 경쟁이 건강한 채소를 낳는다. 실험은 성공이었다.

농업이라고 하면 이미 한물간 산업이라고 여겨 더 이상 희망이 없다고 여기는 분들이 많다. 그러나 실제로는 정반대이다. 농업이 구시대 유물이라서 희망이 없는 게 아니라 희망이 없다는 그 생각이 농업의 발전을 가로막는다.

농업만큼 신천지인 분야도 드물다. 그렇다면 농업을 부흥시킬 수 있는 힘은 무엇인가? 바로 에디슨과 같은 엉뚱한 아이디어이다. 끊임없이 호기심을 갖고, 끊임없이 아이디어를 찾아야 농업을 미래의 각광받는 산업으로 끌어올릴 수 있다고 생각한다.

농부가 책을 읽으면 상추가 잘 자란다

지금까지 장안농장에는 참으로 많은 분들이 다녀가셨다.

농업대학, 농업기술센터, 각 대학 CEO 과정, 귀농관련단체, 농촌지도자연합회, 농업 CEO, 외국의 농업인 등 많은 농업 단체나 농업 관련 종사자들이 요즘도 장안농장을 견학하고 싶다며 방문을 요청한다. 사람들이 찾아오면 장안농장의 곳곳을 보여주고, 농업 분야의 산재한 사안에 대해 허물없이 이야기를 나눈다. 그럴 때마다 공통적으로 받는 질문이 있다.

"농업에 미래가 있을까요? 앞으로 우리는 어떻게 해야 할까요?"

처음 이런 질문을 받았을 때는 성심성의껏 내 생각을 밝혔다.

"앞으로 농업은 미국이나 유럽과의 FTA 체결로 시장이 개방되어 경쟁은 더욱 치열해질 것입니다. 차별화되고 부가가치가 높은 상품을 생산하는 똑똑한 농부들에게는 엄청난 기회가 되고, 반대로 과거를 답습하는 농부들에게는 엄청난 재앙이 될 것입니다.

소비자에게는 보다 품질이 좋은 농산물을 고를 수 있는 기회가 많아지지만 농민들은 숱한 경쟁에서 살아남아야 하므로 위기가 될지 모릅니다. 그러니 과거의 화려한 경력과 지금까지의 단순한 농법, 계획 없이 농사짓는 관행은 철저히 버려야 합니다.

……지금까지 우리 농업은 정부의 보조금과 사회 정서에 호소하는 방법으로 위기를 넘겼습니다. 그런데 정부의 보호 속에 구제되고 지원받는 것을 당연한 것으로 여기다 보니 정작 농부 스스로 자구책을 찾지 못했고, 끝내 농업은 퇴보하고 말았습니다.

세계 시장과 싸워서 이기려면 농업을 산업으로 육성해야 합니다. 농업인들도 농업이 곧 경영이라는 비즈니스 마인드를 가져야 살아남을 수 있습니다. 정부도 농업을 과거의 시선으로 보아서는 안 되고 기간산업이나 벤처산업으로 보고 육성해야 합니다.

모든 것이 시장 논리를 따르는 지금, 왜 농업만 시장의 울타리 밖에서 취급되기를 바랍니까? 농산품도 상품이므로 상품으로서의 경쟁력을 갖춰야 합니다.

이제는 농업의 패턴이 변하고 있습니다. 풍년 들기만을 바라고 있어서는 안 됩니다. 인터넷 클릭 한 번이면 최신 농업 정보가 쏟아지는 기술상향평준화 시대입니다. 생산에서 마케팅은 물론 상품디자인, 홍보까지 원스톱 시스템으로 전환해야 합니다. 판로 개척, 차별화 등을 스스로 연구하며 경쟁력을 높여야 합니다."

한마디로 농부도 공부하고, 스스로 변신을 꾀해야 숨 가쁘게 변모하는 이 세상에서 생존할 수 있다는 말이다.

특히 최근의 상황은 점점 나빠지고 있다. 미국, 유럽, 중국, 일본 등과의 FTA는 앞으로 7년 사이에 우리나라 농업을 근본에서부터 바꿀 수 있기 때문이다. 늦었지만 지금이라도 눈을 떠야 한다.

그런데 사람들은 내 말이 고리타분하다고 여기는 모양이다. 너무 당연해서 그런가? 아니면 뭔가 그럴싸한 답변을 바라는 것인가?

책을 읽고 공부를 해보면 시장이 어떻게 변하는지, 우리 농업의 문제점이 무엇인지, 경쟁력을 어떻게 높일 수 있는지 힌트를 얻을 수 있다. 그래서 공부하라고 주장하는 것인데 대부분 소귀에 경 읽기에서 그친다.

"농부들도 공부해야 합니다. 변하지 않으면 살 길이 없습니다. 최소한 한 달에 5권은 봐야 합니다."

"아니, 지금까지도 잘하고 있는데 왜 그리 유난을 떠는지 모르겠어. 그렇게 공부가 좋으면 자네나 많이 하게. 농사짓는 것도 힘들어 죽겠구먼."

"농부가 그렇게 책을 본다고 쌀이 나와요, 상추가 자라요?"

책을 읽지 않아도, 공부하지 않아도 명품 농산물을 재배하고 돈도 잘 벌 수 있다면 나 역시 그 길을 따르겠다.

그러나 내 힘으로 길을 찾을 수 없을 때는 어떻게 해야 할까. 상추 잎의 크기가 들쭉날쭉하고 이유도 없이 상태가 나쁠 때는 어떻게 할까. 제초제 없이 풀과 진딧물을 없애려면 어떻게 해야 할까.

농사를 짓는 데 필요한 세 가지. 햇볕, 거름, 그리고 책.

내가 상추도 아니고, 물어볼 사람도 없다. 그저 한숨만 푹푹 내쉬고 있어야 하는가?

취미 삼아 텃밭을 가꾸는 시골 촌부라면 굳이 그럴 필요야 없겠지만 명색이 쌈 채소로 돈을 벌겠다는 사람이, 이 분야에서 최고가 되겠다고 마음먹은 사람이 어찌 책 한 권 읽지 않을 수 있겠는가.

누구나 시간에 쪼들린다. 누구나 잠잘 시간이 부족하다. 그러나 나는 그렇게 없는 시간 짜내어 공부한 덕분에 오늘날의 장안농장을 일구었다.

농부가 공부를 하면 상추가 잘 자라느냐고?

정말 잘 자란다.

chapter 02

빈털터리로 시작한 장안농장

전국 농업 고수를 찾아서

황폐한 밭을 일궈 오늘의 장안농장을 가꾼 지 벌써 17년이 흘렀다. 처음 귀농했을 때는 원대한 뜻을 품었던 것도 아니고, 그렇다고 비빌 언덕이 있었던 것도 아니다. 서울에서의 사업 실패 때문에 갈 곳을 잃고 쫓기듯이 충주로 내려왔으니 하루하루가 막막한 것은 당연했다. 설상가상으로 그 1~2년 사이에 부모님과 장인어른, 장모님께서 모두 돌아가셨다.

입에 풀칠이라도 해야겠다 싶어 감자 농사와 땅콩 농사에 도전했으나 아무 계획 없이 무작정 뛰어들었던 것이 실수였다. 두 차례 농사가 모두 실패로 돌아가자 이제 더는 용기가 나지 않았다. 그때 아내의 조언으로 다시 힘을 내서 제대로 농사를 지어보자고 한 것이 장안농장의 첫 걸음이었다.

그때가 1997년도였다. 수중에는 아무것도 없었고, 장안농장이라는 간판만 덩그러니 걸려 있었다. 잡념이 많아서 생각을 집중하기 어려웠지만 '이게 바닥이다. 더는 망가지려야 망가질 것도 없다.'는 마음으로 사업 구상에 들어갔다.

새로 농업에 뛰어들기 위해 당시 내가 생각했던 것은 다음의 세 가지였다.

첫째, 초기 자본이 적어야 한다.

둘째, 수확 기간이 짧아야 한다.

셋째, 자금 회전이 빨라야 한다.

그런 농사가 뭘까? 답은 의외로 빨리 찾았다. 이 세 가지 요건을 모두 채울 수 있는 것은 채소밖에 없었다. 그렇다면 어떤 채소를 재배할 것인가? 채소는 종류만 수십 가지다. 어떤 채소를 재배하면 좋을지 몇날 며칠을 고민했으나 스스로 찾기에는 역부족이었다.

전국에서 채소 꽤나 키운다는 고수들을 찾아다녔다. 알음알이로 소개받기도 하고, 신문이나 잡지에 소개된 전문가들을 무작정 찾기도 했다. 그렇게 전라도 남원에서 제주도까지 방방곡곡 뒤지며 전국의 농업 고수를 만났다.

그런데 어디를 가도 속 시원한 이야기를 들을 수 없었다. 너무 기대가 컸던 것일까. 그들은 과거의 성공 신화에 파묻혀 있을 뿐 내가 원하는 답변을 주지 않았다.

'내가 왕년에는 말이야. 내가 한창 잘 나갈 때는.'

그들에게는 농업 비법보다 사람들로부터 인정을 받았던 시절이 더 소중했던 모양이다. 한번 국회의원이었던 사람은 죽을 때까지 국회의원이다. 재선에 실패해도 여전히 '의원님'으로 불리기를 바란다. 목사님도 마찬가지다. 스무 살 때 목사였던 사람은 그 뒤에 다른 직업을 가져도 여전히 목사님으로 불린다.

그 심정 모르는 바 아니다. 나 역시 왕년에는 서울에서 사업 좀 했었다. 그런데 그게 지금 내게 무슨 소용인가? 나는 과거의 영광을 추억할 만한 여유가 없었다.

"내가 고추 키워서 최고가를 받은 사람이야."

"정말 대단하시네요. 그게 언제였습니까?"

"응? 그게 한 10년 전인가. 그때는 진짜 없어서 못 팔았지."

"그럼 지금은 어떠세요?"

"요새는 뭐……. 언제든 맘만 먹으면 최고가는 일도 아니여."

자신이 최고실력자라고 주장하지만 모두 한때의 기억일 뿐이었다. 자기자랑을 늘어놓으며 과거에 안주하는 분들이 많았다. 어떤 분들은 비결이고 뭐고 경륜만 앞세웠다.

"감자를 잘 키우신다고 들었습니다. 특별한 비법이 있으세요?"

"그럼, 감자하면 내로라지. 내가 감자 농사만 10년이 넘은 사람이여. 전국 어디를 가도 이렇게 굵고 광나는 감자는 보기 힘들 것이여."

"그럼 공판장 같은 데 가보면 비교가 안 되겠네요."

"아마도 그러것지……. 그란디 다른 집이랑 비교해볼 것도 읎어. 내가 최고랑께. 나처럼 10년 키운 사람이 누가 있겄어."

내심 비법을 기대했었다. 그런데 객관적인 비교나 평가도 없이 단지 오래 농사지었으니 내가 최고라고 말하는 모습에 맥이 풀렸다.

유통이나 판매와는 담을 쌓고 지내는 분도 있었다.

"이 양파 정말 맛있네요."

"그럴 거여. 이 일대에서 우리 양파보다 맛있는 집 찾기 힘들 것이여. 다들 우리 집 양파가 최고라고 한다니께."

"비싼 가격으로 팔리겠네요?"

"글쎄, 그건 잘 모르겄네. 나야 뭐 밭을 통째로 넘기니 얼마에 팔리는지……. 뭐 내가 그런 것까지 알 필요가 있남?"

많은 분을 만날수록 갈증은 더욱 심해졌다. 나중에는 후회도 들었다. 그렇지만 아주 보람이 없던 것도 아니었다. 이 분들을 만나면서 나는 그들과 같은 길을 밟지 않으리라 다짐했다. 당시 내가 얻은 세 가지 교훈은 다음과 같았다.

첫째, 과거의 좋았던 시절에 연연해서는 발전이 없다.

둘째, 객관적인 데이터 없이 주먹구구식으로 농사를 지어서는 안 된다.

셋째, 자신이 지은 농산물이 어디로 어떤 가격에 팔리는지 몰라서는 최고가 될 수 없다.

이를 토대로 최고가 되기 위한 마음가짐을 다잡았다. 무조건 오래 했다고 해서 최고는 아니다.

가락동시장에는 펄떡이는 물고기의 생명력이 넘친다

남들이 생각할 때는 하찮은 채소라도 객관적인 검증과 평가가 필요하다고 생각했다. 뭐가 좋은 물건인지, 뭐가 나쁜 물건인지 한눈에 가격을 척척 매기는 사람이 없을까?

가락동 농수산물 시장이 떠올랐다. 전국에서 최고의 농산물이 모이는 장소라면 답을 찾을 수 있으리라 생각했다. 사람들이 가장 필요로 하는 채소는 무엇이고, 어느 정도까지 품질을 올려야 인정을 받는지 그곳만큼 정확히 알 수 있는 곳도 없을 것이라고 생각했다. 최저 품질부터 최고까지 모두 유통되는 길목이 아닌가.

가락동 농수산물 시장은 끝이 보이지 않을 만큼 넓었다.

농산물을 한가득 실은 트럭이 장사진을 이루며 시장으로 속속 도착하고, 순식간에 부려진 농산물이 산더미를 이루어 넓디넓은 가락시장을 꽉 채웠다. 이렇게 많은 농산물이 불과 하루 저녁에 모두 거래된다니 입이 다물어지지 않았다. 과일부터 채소, 생선까지 거래되는 농수산물의 종류도 엄청나게 다양했다.

그 중에 경매하는 곳은 가락동 시장의 심장과 같은 곳이었다. 경매인의 말이 떨어지기 무섭게 입찰자들이 재빠르게 매입 가격을 입력하면 이중 가장 높은 가격을 제시한 사람에게 낙찰되었는데 이 모든 과정이 심장박동처럼 규칙적이고 재빠르게 진행되었다. 낙찰이 끝나면 또 어떤가? 곧장 도매 거래가 시작되거나 중간 도매인의 점포로 옮겨져 서울 시내와 인근 도시로 팔려나간다. 그렇게 물건이 들어오고 빠져나가는 광경을 숨죽이고 지켜보았다.

불야성을 이룬 가락동시장. 이곳에는 늘 활기가 넘친다.

그날의 기분은 이루 말할 수 없었다. 숨 가쁜 현장을 뒤로 하고 귀갓길에 오르는데 가슴이 여전히 쿵쿵 두방망이질을 쳤다. 늦은 시각이었지만 전혀 졸리지도 않았다. 도리어 눈은 초롱초롱했다.

그날 이후, 낮에는 충주에 머물며 빌린 땅으로 채소 농사를 짓고, 밤에는 가락동 시장으로 달려가서 경매 현장을 지켰다. 일주일에 최소 5일은 가락동 시장에 들렀다.

그런 나를 보고 아내는 건강이 걱정스러웠던 모양이다.

"매일 그렇게 오가면 피곤하지 않으세요? 농사일도 힘든데 오늘은 쉬지 그래요?"

신발 끈을 조이고 있으면 아내는 걱정부터 한다.

"아니야. 이상하게 시장만 가면 힘이 난다니까."

하루 종일 농사로 진을 빼도 가락동에만 가면 이상하리만큼 펄펄 힘이 솟았다. 경매 현장의 시끌벅적한 소리, 자동차 경적, 누군가를 부르는 외침, 다투는 말소리가 끝없이 이어지고 그 틈을 비집고 '따끈한 커피 있어요.' 하는 호객 소리도 들린다.

가락시장에는 대낮 같은 활기로 불을 밝히고 분주히 땀방울을 흘리는 사람들이 있었다. 그곳에서 일하는 사람들의 얼굴에는 생동감이 가득했다. 마치 펄떡이는 물고기 같다는 생각이 들었다. 그곳은 에너지로 충만한 물고기들이 수면 위로 뛰어오르는 거대한 어장이었다. 그 자리에 함께 있는 것만으로 나 역시 살아있다는 기분으로 충만했다.

가락동 농수산물 시장을 다니는 동안 '할 수 있다'는 자신감이 생겼다. 당장 돈벌이에 급급한 마음으로 돌아다녔다면 자신감은커녕 금세 지쳐서 포기했을지 몰랐다. 그러나 조급한 마음을 버리자 나도 저들처럼 삶의 현장에서 열심히 일하고 싶다는 생각이 들었다.

1년간의 자료 조사 끝에 유기농 쌈 채소를 재배하기로 결정하다

그렇게 신이 나서 다니다 보니 어떤 채소를 재배할 것인지 생각이 하나씩 구체적인 색깔을 띠었다. 채소는 과연 어떻게 유통되는지, 어떻게 이 자리를 비집고 들어갈 것인지 틈틈이 관찰하고 고민한 결과였다.

먼저 품목이었다. 유심히 살펴본 결과, 고추나 감자, 고구마 같은 채소는 모두 한철농사였다. 한 번 수확하여 팔면 그것으로 끝. 다른 계절에는 수입을 기대할 수 없었다. 계절을 타지 않고 사시사철 재배할 수 있는 채소여야 했다. 그렇다면 어떤 채소가 좋을까?

그렇게 또 여러 날을 고민하며 가락동을 드나들 무렵 대한민국 전체를 들썩이게 만든 사건이 터졌다. 대형마트나 슈퍼에서 판매되는 일부 채소에서 다량의 농약이 검출된 것이다.

"이번 조사에 따르면 채소에서 발견된 농약 중에는 발암 물질로 의심되는 것도 상당수인 것으로 드러났습니다. 극소량의 농약이라도 장기간 섭취하면 암을 유발할 수 있다고 전문가들은 입을 모읍니다."

TV 뉴스 헤드라인은 농약 충격으로 채워졌고, 사람들의 공포심은 극에 달했다. 만나는 사람마다 농약 이야기였다.

"그동안 농약 치는 건 알았지만 이건 정말 너무 하는 거 아니야."

"그러게요. 어디 불안해서 사먹겠어요? 뭐 하나 맘 놓고 먹일 게 없으니."

다른 것도 아니고 사람이 먹는 음식 문제였다. 더구나 그 음식을 자녀에게 먹여왔다는 생각에 사람들은 뉴스가 나올 때마다 촉각을 곤두세웠다.

당시 사건은 내게 매우 중요한 기점이었다. 만일 농약 사건이 터지지 않았더라면 소비자의 기호 변화를 읽지 못하고 잘못된 결정을 내렸을지 모른다. 당시는 아직 안전성에 대한 소비자의 인식이 지금처럼 높았던 때가 아니었다. 그러나 사람들의 반응은 무엇을 뜻하는가? 앞으로는 안전한 먹을거리에 대한 관심과 수요가 급증할 것이 뻔했다.

살림에 여유가 있는 사람이라면 깨끗하고 건강한 야채를 원하지 않을까? 그래, 바야흐로 고급 채소, 안전한 채소의 시대가 열릴 것이다. 농약을 쳐서 재배하는 채소나 과일은 점차 설 곳을 잃을 것이다. 친환경 농산물이 차세대 먹을거리로 각광받을 것이다!

농수산물 시장에서도 이런 분위기를 외면할 수 없었다. 전국에 유통되기 전에 안전성 검사를 의무화해야 한다는 의견이 거세게 일었다.

그때 내 시선을 끈 것이 쌈 채소였다. 한국 사람이 가장 부담 없이 즐기는 먹을거리 중 하나가 삼겹살이고 삼겹살의 제 맛은 쌈이 아닌가. 그런데 쌈 채소는 쌀이나 과일처럼 껍질을 벗기거나 가공해서 먹는 농산물이 아니다. 물에 씻어 바로 먹기 때문에 일반 채소보다 더욱더 안전해야 했다. 어느 누가 농약 친 채소로 쌈을 싸서 먹을 것인가. 날 것 그대로 섭취하는 친환경 쌈 채소의 수요가 증가할 것이 확실해 보였다.

'이것이다. 농약 없이 친환경 농법으로 쌈 채소를 길러보자.'

마지막으로 점검할 게 있었다. 유행 문제였다.

다른 아이템도 마찬가지지만 농산물도 유행을 탄다. 친환경 채소가 유행처럼 번졌다가 사그라지지 않을까 하는 걱정이었다. 사람들은 이게 몸에 좋다고 하면 우르르 몰리는 습성이 있었다. 그러다 유행이 지나면 언제 그랬냐는 듯이 다른 곳으로 우르르 몰려간다.

한때 우렁이쌈밥이 전국을 휩쓴 적이 있었다. 당시에는 아줌마도 아저씨도 다들 모임 장소로 쌈밥집을 찾았다. 불과 몇 개월이 지나자 사람들은 썰물처럼 빠져나갔다. 뒤늦게 쌈밥집에 뛰어든 사람들은 본전도 못 찾고 문을 닫았다.

그때처럼 쌈 채소도 유행에 그치고 마는 것은 아닐까, 두려움이 앞섰다. 지금 당장은 농약 공포 때문에 수요가 촉진될 것이다. 그러나 이 추세가 지속될지 장담할 수 없었다.

보다 면밀한 시장조사가 필요했다. 장기적인 관점을 따진다면 선진국의 사례가 좋은 선례였다.

소득이 높은 선진국에서는 친환경 농산물에 대한 규정을 어떻게 마련하고 있는지, 소비자들의 인식은 어떤지 자료를 뒤졌다. 미국이나 일본에서는 이미 5년 전부터 과일과 채소에 대한 농약 잔류검사가 엄격하게 시행되고 있었다. 또한 친환경 농산물을 찾는 사람들이 매년 증가하고 있으며 특히 소득수준이 높을수록 수요층은 급증했다.

우리나라 경제 수준을 감안하면 조만간 친환경 야채에 대한 수요가 폭증할 것이라는 확신이 들었다.

'그래, 바로 이거다. 쌈 채소에 내 뼈를 묻자.'

1년 동안 자료를 조사하고 현장을 경험하며 내린 결론이었다. 충주와 가락동 시장을 오가면서 숱한 아이템을 찾은 끝에 드디어 장안농장이 걸어갈 길을 발견했다.

chapter 03

유기농
첫 걸음을 떼다

유기농 고수에게 노하우를 사사받다

당시만 해도 화학 비료와 농약은 농사를 짓는 데 있어 필수품이었다. 씨앗을 파종하기 위해 밭을 갈면서 밑거름으로 화학비료와 토양살충제를 뿌리고, 파종 후에는 잡초와 진딧물, 해충을 제거하기 위해 수시로 농약을 친다. 친환경 농법이 보편화되기 전이었으므로 농약 없이 농사짓는 법을 아는 이가 드물었다.

국가에서도 어떤 기준이나 가이드라인이 없었다. 당시는 친환경 태동기로 국가 차원의 인증제도가 불비한 상황이었다. 간간히 '친환경 채소'라는 이름의 농산물이 유통되었지만 실상은 생산자가 마음대로 이름을 붙인 것이 전부였다.

하는 수 없이 친환경 채소를 키운다는 고수를 찾아다녔다. 그러나 제대로 농사짓는 사람은 없었다. 막상 만나보면 농약 치는 사람들도 있었고, 주먹구구식으로 농사짓는 사람이 비일비재했다. 책이라도 있다면 보고 따라하겠는데 친환경 농법을 다룬 책은 눈 씻고 찾아봐도 없었다.

등잔 밑이 어둡다고 했던가. 고수는 의외로 가까운 곳에 있었다. 고향 선배이자 큰 형님의 가까운 후배로 이해극이라는 형님이 계셨다. 전까지는 그저 농부로만 알고 있었는데 알고 보니 신선초, 치커리, 상추, 비트 등 쌈 채소를 기르면서 서울 쌈밥집에 공급도 하는 유기농 분야의 권위자였다.

형님은 비닐하우스에서 1년 내내 쌈 채소를 재배했는데 아무리 무더운 여름이라도 잠시도 쉬지 않고 부지런히 손을 놀렸다.

한여름 기온이 30°C를 웃돌면 비닐하우스 내부는 60°C를 육박한다. 한증막이 따로 없다. 그런데 형님은 더위쯤은 아랑곳하지 않고 잡초를 뽑고 벌레를 일일이 손으로 잡고 있었다. 위에 걸친 러닝셔츠 한 장이 금세 땀으로 홍건했다. 그대로 지켜보기가 민망하여 일손을 거드는데 숨이 턱턱 막히는 것이 당장 하우스 밖으로 뛰쳐나가고 싶었다.

'이 양반은 정말 진심으로 농사를 짓는구나. 이런 고생도 마다하지 않다니.'

그 후에도 몇 차례 형님을 찾아다니며 일손을 도왔다. 그렇게 다

섯 차례 방문했을 때 용기를 냈다.

"형님, 농약 안 뿌리고 키우는 방법을 배우고 싶습니다. 형님이 이 분야에서 최고가 아니신가요. 저를 도와주십시오. 정말 잘할 자신이 있습니다."

형님이 눈을 빠끔히 뜨고 나를 넘겨본다. 꿀꺽 침이 넘어간다.

"가만 보니 허투루 할 사람 같지는 않고. 좋네, 한번 해보세."

나의 어떤 모습을 예쁘게 보신 것인지 고마울 따름이었다. 그렇게 형님과의 인연이 시작되었고, 2~3일에 한 번씩 찾아가 친환경 쌈 채소 재배법을 익혔다. 다행히 집 옆에 작은 비닐하우스가 있어서 싸게 빌리고 상추와 치커리 같은 쌈 채소부터 재배를 시작했다.

물론 형님이 내 옆을 지키며 일일이 가르쳐준 것은 아니다. 대신 형님은 큰 맥을 짚어주셨다.

"형님, 다음 주에는 치커리를 심어볼까 하는데요?"

"그래? 나 같으면 일주일 후에나 심을 것 같은데. 그렇게 너도나도 심으면 생산 물량이 많아져 가격이 폭락하지 않을까?"

"아, 정말 그렇겠네요. 미처 생각지 못했습니다."

재배 시기뿐이 아니었다.

"형님, 아무래도 이번 작물은 너무 작은 거 같아요. 뭐가 잘못됐는지 도무지 모르겠습니다."

"아, 이거는 칼슘 부족이라네. 땅에 조개껍질이나 뼈 조각 따위를 많이 넣어봐."

형님이 재배 중에 발생하는 문제점에 대해서 지적하면 집에 돌아와 하나둘 적용했다. 그렇게 형님 집과 농장을 오가면서 재배 노하우를 터득해갔다.

물론 형님이 알려준 대로 해도 성과가 나타나지 않을 때도 있었다. 조개껍질이나 뼈 조각을 함께 심었는데도 성장이 영 신통치 않으면 한달음에 형님을 찾았다.

"형님, 저번에 알려주신 대로 했는데 효과가 없습니다."

"그래? 그럼 답은 햇빛이네. 햇빛을 보는 시간이 짧아서 그런 것 같은데."

농사에도 가이드라인은 있지만 대개의 노하우는 오랜 경험을 통해 터득하기 때문에 단기간에 좋은 성과를 내기는 쉽지 않았다. 형님은 이미 수십 차례 상추를 키우면서 토양, 바람, 온도와 같은 많은 변수에 어떻게 대처해야 하는지 경험으로 체득한 상태였다. 그래서 자라고 있는 쌈 채소를 보면 뭐가 부족한지 한눈에 알았고, 상황에 맞게 적절히 대처할 수 있었다.

하지만 농사 초보인 나는 모든 게 서툴렀다. 어제까지 잘 자라던 상추가 다음 날 아침이면 시들기 일쑤였고, 어떨 때는 벌레가 갉은 것인지 상추 잎에 구멍이 숭숭 뚫려 있기도 했다. 이유가 뭔지 혼자 끙끙 앓다가 형님을 찾아가 물어보기를 밥 먹듯이 했는데 어느 날은 하루에 3번을 찾아가서 형님을 귀찮게 하기도 했다.

그러는 사이 점차 쌈 채소 재배에 재미가 붙었다.

감자와 땅콩을 재배할 때는 당장 생계가 걸려 있다는 생각에 작물의 크기가 작아도 별 관심이 없었다. 땅콩을 키울 때도 잎이 나오면 나오는가 보다 하고 무심히 지나쳤다.

그런데 쌈 채소는 달랐다. 하루하루 커가는 모습을 보노라면 참 신기했다. 이것도 하나의 생명이구나. 상추들이 무럭무럭 자라고 있는 모습을 볼 때면 내 기분도 덩달아 즐거워졌다. 매일 아침 상추를 보러가는 길은 마음이 설랬다.

'우리 애들, 밤새 많이 자랐을까?'

그렇다고 감자 농사와 고추 농사를 그만둘 수는 없었다. 친환경 쌈 채소는 아직 걸음마 단계였다. 생계 유지책이 필요했다. 낮에는 쌈 채소가 자라는 비닐하우스와 감자, 고추 밭에서 일을 하고 밤에는 가락동 시장을 다니는 나날이 계속되었다.

농사꾼이자 장사꾼이 되어야 한다

하루는 형님이 채소를 어떻게 파는지 궁금했다.

"그런데 형님, 서울 쌈밥집은 어떻게 개척하셨어요?"

"고급 쌈밥집을 일일이 찾아다니며 샘플 보여주면서 설득했지. 농사만 잘 짓는다고 다가 아니더라고."

"정말요? 쌈밥집 주인이 찾아와서 구매하는 게 아니었어요?"

"사정은 정반대라네. 고맙다고 인사해도 시원찮을 판에 사달라고 구걸해야 한다니까. 농사꾼으로는 안 되네. 장사꾼이 되어야지."

그러더니 형님이 한숨을 푹 내쉰다.

"키우는 거라면 자신이 있는데 서울까지 매일 배달하기가 너무 힘들어. 이걸 계속해야 할지 요즘도 고민이라네."

"그걸 매일 배달해요? 며칠에 한 번씩 갖다 주면 안 되나 보죠?"

"당연하지. 신선도가 생명이니까. 말 나온 김에 자네가 나 좀 도와줄 수 없겠나? 자네는 서울에서 오래 살았고 사업도 해봤으니 서울 길은 훤하잖은가. 듣자 하니 자네 요즘에도 가락동 시장에 자주 간다면서."

형님은 제천 토박이였다. 서울 지리가 익숙지 않고 길마다 차들이 붐비니 운전이 쉽지 않았다. 그런 양반이 쌈 채소를 매일 배달하려니 여간 부담스런 일이 아니었던 모양이다. 반면 나는 서울에서 15년을 살아서 서울 지리는 훤했고 운전을 즐겼기 때문에 어려운 일이 아니었다. 더구나 '농사꾼으로는 안 된다'는 형님의 말을 그냥 지나칠 수는 없었다. 이번 기회에 장사도 익혀두자는 생각도 있었다.

그날 이후 본격적으로 쌈 채소 배달이 시작되었다.

충주에서 저녁을 먹은 뒤 채소를 싣고 8시쯤 차를 몰아 상경하면 먼저 가락동 경매시장에서 유통되는 품목을 살피다가 자정쯤 본격적인 배달이 시작되었다.

쌈밥집은 한곳에 몰려 있는 게 아니었다. 지역적으로 흩어져 있어서 옥수동 들렀다가 연희동 거쳐 구파발, 부천, 수원의 영통까지 5곳에 배달하고 충주로 돌아오면 새벽 4~5시였다.

어떤 날을 너무 피곤해서 귀갓길에 잠깐 쉴 때도 있었다. 올림픽대교 메인스타디움 앞에 잠시 쉴 수 있는 장소가 있었는데 차를 세우고 자판기 커피 한 잔을 마시며 피곤함을 달래기도 했다.

그때쯤에 태양이 떠올랐다. 새벽의 미명을 가르고 동녘 하늘이 트면 한강이 함께 잠을 깨며 금빛 물결을 반짝였다. 그 순간만큼은 농사일의 고단함도, 운전의 피곤함도 잠시나마 잊을 수 있었다. 커피 한 모금을 마신 후에는 다시 힘을 내서 운전대를 잡는다. 충주로 진입하는 길에 만남의 광장에 들러 해장국 한 그릇 비우고 집에 돌아온다. 2~3시간 눈을 붙이고 아침 8시에 다시 농사일을 시작했다. 비닐하우스에 들러 밤새 채소들이 별 일 없는지 확인하고, 양쪽 문을 열고, 밭을 갈고, 잡초를 뽑았다.

다시 해가 저물어 저녁때가 되면 쌈 채소를 싣고 가락동을 갔다가 거래처를 돌았다. 그렇게 농사일과 가락동시장, 쌈밥집 배달까지 하루 3~4시간 잠을 자면서 초인적인 생활을 반복했다.

"여보, 꼭 그렇게까지 하면서 배달을 해야 돼요?"

"어차피 서울 가는 길에 들리는 거니까 그리 힘들지 않아. 이것도 엄연한 사업이라고. 영업을 익히는 과정이기도 하고. 내 맘대로 그만둘 수는 없잖아."

"아무리 그래도 어떻게 사람이 매일 그렇게 생활을 해요? 당신 서울 갈 때마다 내가 아주 불안해 죽겠어요. 맨 정신으로 운전해도 졸음이 쏟아질 텐데 하루 종일 농사일에 시달리고 잠도 자는 둥 마는 둥 일어나서 어떻게 운전을 한다고 그래요?"

"괜찮다니까 그러네. 내가 원래 잠이 좀 없잖아. 운전이라는 게 내가 차를 끌고 다니는 것도 아니고."

아내의 걱정에 말로는 괜찮다고 했지만 사실 졸음과의 싸움은 쉽지 않았다. 세상에서 가장 무거운 것이 사람의 눈꺼풀이라지 않던가.

창문을 활짝 열고 음악을 크게 틀어도 소용이 없었다. 커피를 마시고 스트레칭을 해보았지만 그것도 잠시뿐이었다. 내 손으로 뺨을 때리기도 하고, 청양고추가 직방이라고 해서 눈물을 참으며 씹기도 했다. 졸음 방지에 좋다는 모든 수단을 다 동원했지만 내려앉는 눈꺼풀에는 속수무책이었다.

어느 틈에 졸면서 운전하는 게 습관이 되었다. 처음엔 신호에 걸렸을 때만 잠깐씩 졸았는데 언젠가부터 주행 중에도 졸게 되었다. 비몽사몽간에 운전대를 잡고 위험천만한 곡예가 시작되었다. 서울을 떠나 충주로 출발한 기억은 있는데 어떻게 집까지 왔는지 도통 기억나지 않을 때도 있었다. 어떤 때는 차가 중앙선을 넘나들도록 졸기도 하고, 어떤 때는 가드레일과 충돌하기 직전에 잠에서 깨서 브레이크를 밟기도 했다. 죽을 고비를 넘긴 적이 한두 번이 아니었다.

충주에서 가락동 경매시장을 거쳐 쌈밥집 5곳을 다니다 보니 하루 주행거리도 만만치 않았다. 하룻밤 서울을 다녀오면 3백km는 우스웠다. 웬만한 택시 운전기사의 주행거리를 웃돌았다. 얼마나 서울을 오고 갔는지 하루는 떼 지어 나는 기러기를 보며 이런 생각도 들었다.

'저 철새가 나만큼 날아다닐까?'

농약의 유혹

그러던 차에 기회가 왔다. 이해극 형님이 사정이 생겨 당분간 쌈밥집 공급이 어렵게 되었다.

"어떻게 확보한 판로인데 아깝지 않으세요? 정 그러시면 제가 하면 안 되겠습니까?"

"글쎄, 안 될 것은 없지만 생각만큼 만만치는 않을 거야. 비닐하우스 한 동 장만하는데도 천 만 원이 들잖는가. 어떻게 감당하려고?"

"비닐하우스라면 문제없습니다. 서울에서 꽃 농장 운영할 때 쓰던 비닐하우스가 그대로 있습니다. 지금 양재동 벌판에 버려져 있는데 찾아와서 쓰면 됩니다."

형님이 여의치 않다면 나라도 해야겠다는 생각이었다. 마침 당장 그만두시는 게 아니라 시간적인 여유가 있으므로 그 안에 준비를 마치면 충분하리라고 생각했다. 이웃집 형님의 주선으로 인근 땅 4,000평을 빌리고, 동시에 화훼농장 시절에 쓰던 시설을 옮겨 비닐하우스를 지었다.

집을 리모델링하면 새로 짓는 것보다 돈도 많이 들고 힘도 배로 든다. 비닐하우스도 마찬가지였다. 새로 지었으면 일이 금방 끝났겠지만 다른 일에 쓰던 설비라 길이부터 달랐다. 자르고 맞춰보고 자르고 맞춰보고 수차례의 고생 끝에 간신히 쌈 채소 비닐하우스를 완성했다. 그렇게 비닐하우스 4,000평에 쌈 채소 20가지를 심고 본격적으로 쌈 채소 재배에 뛰어들었다.

하지만 막상 혼자 힘으로 채소를 키우려니 여간 일손이 모자란

게 아니었다. 그 동안 연습 삼아 하던 것과는 차원이 달랐다. 제일 골치 아픈 것이 잡초였다. 쌈 채소 둘레로 잡초가 무성했다. 두 팔 걷어붙이고 잡초와의 전쟁을 치렀다. 아내와 함께 하루 종일 잡초를 매도 3일 후에는 우리를 비웃기라도 하듯 시퍼렇게 잡초가 올라왔다. 뿌리째 뽑아도 소용이 없었다. 해가 뜨면 징그럽게 다시 고개를 내밀었다.

돈이라도 넉넉하면 인부라도 부르겠는데 어려운 형편에 사람을 쓸 수도 없었다. 약을 치면 안 되니까 두 사람이 기계처럼 잡초를 뽑아야 하는데, 몇 날을 쭈그리고 앉아 있노라면 허리는 우두둑 부러질 것 같고 등짝은 굳고 눈알은 빠질 듯했다.

노고에 비하면 일감은 쉬이 줄지 않았다. 물정 모르는 이웃들은 '상추가 아니라 잡초를 키운다.'면서 수군거렸다. 장마철에는 상황이 악화되었다. 하우스 전체가 잡초로 무성해지고 사람 손길이 닿지 못한 곳은 말 그대로 풀밭이었다.

마음이 조급해졌다. 이렇게 뽑고 또 뽑아도 줄지 않는 잡초를 보며 농약 생각이 간절했다. 농약은 안 된다며 굳게 다짐했지만 한계에 이르렀다. 풀이 미치도록 미웠다.

'제초제 한 병이면 싹 쓸어버릴 수 있으련만. 그래, 이번 딱 한 번만, 딱 한 번만 치자.'

얄밉도록 올라오는 이놈의 풀들을 아주 끝장을 내리라 작심하고 6천 원짜리 제초제 '근사미'를 사왔다. 서둘러 분무기에 담아 비닐하우스 안으로 들어갔다. 순간 스치는 생각. 이걸 지금 뿌리면 어떻게 될까? 아마 한 달은 잡초 걱정 없이 살 수 있겠지만 더 이상은 농약 없이 농사짓는다고 자랑하고 다닐 수는 없으리라. 나아가 서울 쌈밥집 공급도 중단될지 모르는 일이었다.

아내가 내 생각을 읽었는지 농약 통을 붙들었다.

"여보, 농약 그거 하지 맙시다. 농약 없이 기른 게 벌써 6개월째예요. 하려고 했으며 진작했지, 이제 와서 농약 치면 의미가 없어요. 농사 하루 짓다 말 것도 아니잖아요. 오늘 못 뽑으면 내일 뽑으면 되지, 어떻게 얻은 기회인데 여기서 망칠 수는 없어요."

아내의 말이 옳았다. 1년 넘게 가락동 경매시장을 돌아다니고 형님 댁을 수없이 찾아다니며 얻은 기회인데 이까짓 잡초 때문에 무농약 농사를 그르칠 수는 없었다. 잡초에 질린 나머지 평정심을 잃은 것이다. 농약 통을 내려놓고 마음을 다스렸다. 친환경 농사를 지으면서 농약의 유혹에 흔들린 것은 이때가 마지막이었다.

벌레도 큰 골칫거리였다. 화학비료와 농약 대신 목초액, 현미식초, 막걸리, 담뱃잎을 섞어 뿌렸지만 벌레들의 공격을 막기가 어려웠다. 훤한 대낮이라면 좀 나았다. 밤에 출몰하여 쌈 채소를 갉아먹는 통에 억장이 다 무너졌다.

그중 가장 속을 썩이던 놈이 민달팽이였다. 집도 없는 민달팽이는 밝은 대낮에는 비닐 밑이나 쌈 채소 잎 뒤에 몸을 숨기고 있다가 밤에 기어 나와서 잎사귀를 갉았다. 하는 수 없었다. 낮에 자고 밤에 깨어 벌레를 잡으러 다녔다. 하룻밤 벌레 사냥이 끝나면 막걸리 한 통이 민달팽이로 가득 찼다.

각종 날벌레도 골칫거리였다. 생각다 못해 벌레를 차단하기 위해 비닐하우스 전체에 모기장을 씌웠다. 그런데 모기장을 쳤더니 이번에는 바람이 통하지 않았다. 하우스 내부가 한증막을 방불케 했다. 하루에도 열 차례 이상 문을 열었다 닫았다 하면서 온도를 조절해야 했다. 잠깐 방심하다 쌈 채소를 말려 죽인 적이 몇 차례 있었다. 그때마다 밭을 다 갈아엎고 씨를 다시 뿌렸다. 이웃 주민들은 멀쩡한 작물 다 죽인다며 손가락질을 했다.

그렇게 수많은 시행착오를 거치면서 쌈 채소 친환경 농법의 노하우를 익혀갔고, 서서히 형님이 수확하던 수준으로 품질을 끌어올렸다. 공급할 준비를 마쳤다.

형님에게 바통을 넘겨받았다. 1997년 말 장안농장이라는 이름으로 충주 세무서에 정식으로 사업자 등록을 마치고 본격적인 쌈밥집 공급에 나섰다.

유기농산물 인증을 받다

그 무렵 정부에서는 친환경인증 제도가 정비되고 평가 기준이 마련되었다. 수십 년 동안 농약과 화학비료에 의존해온 국내 농업의 특성상 단번에 유기농으로 전환하기 어렵다는 판단 아래, 정부에서는 단계적 인증방식을 제시했다.

즉 1년 정도 저농약으로 농사를 지으면서 저농약 인증을 받고, 그 후 1년 정도 무농약으로 농사를 지으면서 무농약 인증을 받은 후 마지막으로 유기농 인증을 받는 절차였다.

제도가 발표되자마자 농산물 품질관리원에 친환경인증신청을 접수했다. 곧 품질관리원에서 파견한 인증심사원이 우리 농장을 방문하여 농작물, 토양 및 재배용수의 수질, 생산물(농작물) 등의 샘플을 채취했다.

채취된 샘플은 연구기관에 보내 분석을 의뢰했는데 그곳에서 농약 잔류성분, 중금속 등을 검사하여 분석표를 작성하고 그 결과를 품질관리원에 알린다. 그러면 품질관리원에서는 분석 결과를 토대로 인증구분(유기, 무농약, 저농약)에 따라 적합, 부적합 판정을 내리는 방식이었다.

샘플을 채취한 날부터 밤잠을 설쳤다. 뼈 빠지게 땀 흘려 쌈 채소를 키웠지만 혹시나 하는 마음에 자다가도 눈을 번쩍 떴다.

그게 1998년이었다. 장안농장은 기어이 '친환경무농약 품질인증'을 통과했다. 고진감래였다. 해당 기관에서 인증서를 받아들고 나오는데 어찌나 기쁘던지 아내와 나는 어린아이처럼 방방 뛰며 이웃에게 자랑하고 다녔다. 어렵고 힘들었던 시간에 대한 보상이었다.

물론 품질을 높이기 위한 시도는 이것으로 끝이 아니었다. 그 후에도 친환경 농산물을 재배하는 곳이라면 전국 어디든지 밤낮을 가리지 않고 찾아다니면서 새로운 농법을 익혔다. 친환경 농산물은 품질이 곧 생명력이었기 때문이다. 그때로부터 2년 뒤인 2000년에는 친환경 농산물 가운데 최고 등급인 유기농산물 인증을 획득했다.

처음 유기농 상추를 키운다고 했을 때 다들 나보고 미쳤다고 했다. 그렇지만 상추를 먹어본 후에는 반응이 달라졌다. 20년 경력의 농부가 기른 상추보다 내가 기른 상추가 더 싱싱하고 맛있으니 눈을 씻고 다시 쳐다보기 시작했다.

"이거 좀 드셔보세요. 농약 안 치고 키운 거예요."

"어떻게 농약 없이 길렀을까? 정말 대단하네."

"그러게 말이여. 젊은 사람이 20년 농사지은 나보다 기술이 좋네. 우리 집 상추하고는 뭔가 맛이 다른 것 같아. 쌉싸래하면서도 향긋한 냄새가 나는 것 같구먼."

"맞아요. 어째 맛도 좀 색다른 것 같고."

"당연 그러겄제여. 농약 치고 기른 형님 상추하고 어뜩케 같겄어여?"

누구를 만나도 당당하게 상추를 내놓을 수 있었다. 자랑하고 싶었다. 정부로부터 친환경무농약 인증을 받고나자 후원군이 생긴 것처럼 든든했다.

유기농 농법을 전수해주신 이해극 형님도 내 상추를 맛보고는 고개를 끄덕이셨다.

"자네가 나보다 낫네 그려. 내가 먹어본 상추 중에 제일 맛있구먼. 도대체 어떻게 키운 건가? 이제부터는 자네한테 와서 배워야겠어."

주위 분들의 칭찬이 이어졌다. 그동안 공들인 시간이 아깝지 않았다.

chapter 04

보약으로
쌈 채소를 기르다

자나 깨나 상추 생각

젊은 시절 친구 중에 조직폭력배가 있었다. 그 친구를 만나면 늘 싸움에 대한 이야기뿐이었다.

"경찰이 덮치면 일단 발로 차서 균형을 잃게 한 뒤 이쪽 유리창을 뚫고 나가거나 저쪽 벽을 타고 도망치는 게 상책이지. …… 갑자기 뒤에서 공격할 때도 있어. 그러면 탁자를 딛고 올라서 소파의 오른쪽을 돈 뒤 뒷문으로 달려가서 따돌리면 돼."

조폭 특성상 권투 경기장이나 태권도 대련장처럼 사방이 트인 곳에서 싸울 일은 없다. 주로 싸우는 장소가 의자 있고, 사람 드나

드는 카페나 다방이다 보니 이런 공간적인 특성을 어떻게 이용해야 하는지 관심이 많았다.

나 역시 마찬가지다. 책이나 TV에서 보고 들은 수많은 정보를 어떻게 상추에 접목해야 최고의 품종을 재배할 수 있는지 항상 고민했다.

한번은 TV 프로그램 '6시 내 고향'을 보던 중이었다. 리포터가 나와서 농부에게 마이크를 내민다. 어떻게 채소를 재배하십니까?

"키토산을 뿌렸더니 채소가 잘 자랐습니다."

귀가 솔깃해졌다. 그길로 키토산을 구해서 쌈 채소에 뿌렸다.

또 한 번은 신문에 목초액이 벌레 쫓는 데 특효라는 기사가 실렸다. 목초액이란 나무를 태울 때 발생하는 연기가 외부 공기와 접촉할 때 액화 현상을 일으켜 만들어지는 액체를 말한다. 그 길로 곧장 목초액을 구해다가 물에 희석하여 상추에 뿌렸다.

이게 끝이 아니다. 사람 몸에 좋은 것은 채소에도 좋지 않을까 싶어 한약방에서 한약 짓고 남은 찌꺼기를 구해다 이를 효소로 만들어 쌈 채소에 뿌려본 적도 있다. 귀동냥해서 들은 정보는 채소 재배에 적극적으로 접목을 시도했다. 말 그대로 자나 깨나 상추 생각뿐이었다.

그러던 어느 날 맥반석 사우나를 간 적이 있었다. 평소에는 그렇게 오랫동안 누워 있지를 못했는데 그날은 달랐다. 몸이 축 쳐지기는커녕 단잠을 잔 듯이 몸이 개운했다.

'이상하다. 이 정도 시간이 지났으면 몸이 노곤해져야 하는데?'

문득 이 집이 맥반석 사우나라는 사실을 상기했다. 맥반석이 피로 회복에 좋고 체내 산소를 활성화시킨다더니 정말 그 말이 맞는 모양이었다. 이 넘치는 활기가 증거가 아닌가?

생각은 꼬리에 꼬리를 물고 이어져 상추에 닿았다. 상추에도 맥반석이 효과가 있지 않을까? 사람에게 좋다면 채소에도 좋으리라 여겼다. 사우나를 나서자마자 맥반석 가루 파는 곳으로 달려갔다. 간 김에 옥돌도 함께 샀다.

나는 신중한 스타일이 아니다. 일단 생각이 들면 곧 실행에 옮긴다. 그러다 막히면 다시 고민한다. 옥돌과 맥반석 가루는 구입했지만 막상 어떻게 뿌려야 하는지 고민스러웠다. 옳거니, 지하 암반수를 활용하면 되겠구나. 그동안 쌈 채소에 주는 물도 아무 물이나 함부로 줄 수 없어서 150미터 지하에서 끌어올린 지하암반수를 쓰고 있었다.

10톤 용량의 물탱크에 지하암반수를 가득 채운 후 맥반석과 옥돌을 1톤가량 넣었다. 옥과 맥반석을 우려낸 지하암반수가 완성되었다.

장안농장 직원들이 고개를 갸웃거린다.

"아니, 사장님. 그 비싼 맥반석과 옥을 왜 상추에 뿌리세요?"

"이보게, 닭한테 왜 한약을 먹인다고 생각하나? 오리한테 왜 유황을 먹이지?"

"그거야 맛있고 질 좋은 닭고기를 만들려고 그러는 거죠."

"그래, 바로 그거야. 우리도 채소한테 보약을 먹이자 이거지."

식초와 자기배양 영양제를 살포하는 모습. 예방 위주의 농사이기에 잠시도 경계를 게을리할 수 없다.

"무슨 뚱딴지같은 말씀이세요? 저도 10년 넘게 농사지었지만 보약 먹여 기른 채소 이야기는 처음인데요."

"이 친구야, 채소가 먹는 게 뭔가? 토양에서 빨아올린 수분과 양분 아닌가? 맥반석과 옥을 담근 지하암반수를 채소에 주면 어떨 것 같아? 사람이 마시기에도 좋다면 채소는 당연한 거 아니겠어?"

실제로 옥이나 맥반석이 들어간 물은 미네랄 성분이 풍부해 채소를 더 맛있고 싱싱하게 만든다.

'땅심'을 높여라

보약 아이디어는 채소에서 그치지 않았다. 채소가 양분을 빨아들이는 토양에도 보약을 주면 어떨까?

내가 친환경 농법을 시행한 이래 가장 심혈을 기울인 일이 '땅심 높이기'이다. 땅의 힘을 끌어올리자는 말이다.

유기농 재배는 농약이나 비료 없이 농산물을 키워야 한다. 그렇다면 농약이나 비료를 대신할 수 있는 것이 무엇인가? 바로 땅이다. 사람도 기초체력이 튼튼하면 잔병치레가 없는 것처럼 채소도 토양이 기름져야 해충이 꼬이지 않고, 설사 해충의 공격을 받더라도 일반 작물보다 더 빨리 성장한다.

토양의 상태를 최적으로 만들기 위해 맥반석과 옥돌 각 10톤씩과, 참숯 5톤을 규칙적으로 뿌렸다. 맥반석은 흙에 산소를 공급하고 옥돌은 기와 음이온을 불어 넣으며, 숯은 불순물을 빨아들이는 작용을 한다. 이렇게 흙을 항상 건강한 상태로 유지시킨다.

또한 매년 채소를 재배하면 '땅심'이 쇠약해지기 마련. 그래서 땅에도 휴식기가 필요하다. 사람도 휴식을 통해 몸과 마음을 재충전하듯이 땅도 잘 쉬어야 한다. 그래서 전체 농장을 세 구역으로 나누어서 두 곳은 농사를 짓고, 한 곳은 휴식기를 준다.

그동안 먹인 보약이 한둘이 아니다. 맥반석, 옥돌, 숯, 한약재, 지하암반수, 참나무, 쌀겨, 옥수수 가루, 미강까지 재배 품질을 높일 수만 있다면 어떤 보약이라도 가리지 않았다. 하나하나 뿌리는 양은 적지만 여러 보약의 효과가 어우러져 좋은 토양이 되고 이것이 다시 좋은 채소를 길러 맛과 향이 확연히 달라진다. 미각이 특출한 분이 아니어도 우리 채소의 예사롭지 않은 풍미를 느끼고 엄지를 올린다.

사람도 이만한 대접을 받고 사는 이가 얼마나 될 것인가. 그런 귀한 것을 채소 재배에 쓴다고 난센스라고 생각하면 곤란하다. 역발상이 필요하다. 최고의 채소를 꿈꾸었을 때는 그만한 투자가 뒤따라야 한다.

귀한 소똥

1997년 4천 평으로 시작한 장안농장은 점차 규모가 커져 현재 1농장부터 5농장까지 재배면적이 10만여 평에 달한다. 또 재배하는 품목도 초기에는 10가지 품목에 그쳤지만 지금은 100여 가지를 웃돈다. 국내 단일농장 가운데 우리만큼 많은 쌈 채소를 재배하는 곳은 없다.

농장 규모가 비약적으로 확대되면서 애로사항 역시 많아졌다. 그 중 가장 힘든 것이 퇴비였다.

유기농 농사에 쓰이는 퇴비 역시 아무것이나 쓸 수 없다. 사료를 먹인 소의 배설물은 2차 오염의 위험이 있기 때문에 실격. 따라서 친환경 인증을 획득한 축사를 엄선하여 축분을 공급받아야 하는데 그러자니 소 똥(축분)이 귀했다. 15톤 트럭 한 차에 30만 원으로 1년이면 200차, 즉 6천 만 원이 든다. 돈 주고 똥 치워주는 격.

그뿐이 아니다. 축분에 넣는 볏짚과 등겨도 유기농이어야 한다. 주요 퇴비 중 하나인 우드칩(나무퇴비)은 깊은 산골을 다니며 직접 캐야 할 뿐 아니라 골고루 섞어서 발효시켜야 하기 때문에 노동시간도 만만치 않다. 재료비, 인건비를 모두 합치면 화학비료보다 최소 10배 비싸다. 오죽하면 '퇴비 문제를 해결해야 유기농이 산다.'는 푸념 아닌 푸념이 나오겠는가.

이런 여건 때문에 유기농 농사꾼은 직접 소를 키워서 퇴비를 마련하는 유기축산을 꿈꾼다. 하지만 쉬운 일이 아니다. 유기농 소를 키우려면 먹는 것 하나까지 유기농으로 바꾸어야 하고, 무엇을 먹였는지 급식 일지도 꼬박꼬박 써야 한다.

유기농 먹이를 준다고 유기축산이 끝난 것은 아니다.

유기농 소의 축사는 비육우를 키우는 일반 축사와 달리 자유롭게 돌아다니며 풀을 뜯을 수 있는 대규모 방목장을 갖추어야 하며, 또 쾌적해야 한다. 또한 퇴비를 안전하게 발효시킬 수 있는 시설까지 갖춰야 하므로 영세한 농가에서는 엄두를 못 낸다. 그렇다고 언제까지 미룰 수 없었다. 국제 기준은 매우 엄격해서 상업용 퇴비로 키운 농작물은 유기농으로 인정하지 않는다. 대세는 자가 퇴비요, 유기축산이었다.

준비절차나 비용이 만만치 않은 것은 사실이었다. 그러나 더 늦기 전에 시작해야 한다는 생각이 들었다. 다행히 소에게 먹일 유기농 먹을거리라면 걱정할 필요가 없었다. 농장에서 쌈 채소를 키우다 보면 품질에는 아무 이상이 없는데 규격에 맞지 않아 버려지는 채소가 있었다. 만약 유기농 소가 있다면 애써 키운 채소를 버릴 필요도 없고, 유기농 먹을거리도 자동으로 해결되니 일석이조였다.

"그래, 유기농 소를 한번 키워보자."

오랜 망설임 끝에 2004년 유기축산을 시작하기로 마음을 먹었다. 그때부터 전국 유기축산 농가를 찾아다녔다. 당시에는 유기축산 농가가 많지 않을 때였지만 다행히 적합한 곳을 찾을 수 있었다.

유기농 순환농업은 자연의 힘을 믿는 데서 출발한다. 자연은 스스로 순환하는 힘을 갖고 있다.

옥산농산이라는 곳이었다. 그곳의 유기농 한우들은 때깔도 좋고 건강 상태도 양호해 보였다. 옥산농산의 사람들은 10년 계획을 세우고 이미 몇 년 전부터 유기축산을 준비하고 있었는데, 특히 여러 농가가 힘을 합해서 공동으로 관리하고 있었다.

이야기는 술술 잘 풀렸다. 그렇게 맺어진 옥산농산과의 인연으로 유기농 한우를 키우는 방법과 여러 절차 등을 연구했고, 몇 개월 후 새끼를 밴 유기농 소를 보내준다고 약속받았다.

"형님, 그럼 조만간 소 4마리를 보내겠습니다."

옥산농산의 전화를 받은 날로부터 유기농 소를 맞이하기 위한 준비에 들어갔다.

우선 소를 먹이기 위해 유기농 미강, 유기농 볏짚, 유기농 보리, 발효사료를 준비하면서 동시에 햇살이 잘 드는 유기농축사를 세웠다. 또 유기농 퇴비 발효사를 채용하여 최상의 조건에서 유기농 소를 키우기 위해 만반의 준비를 갖췄다. 축사 내부에 푹신하게 깔아줄 볏짚과 우드칩을 보고 있노라면 나도 모르게 미소가 번졌다.

드디어 유기농 소가 농장에 도착하는 날, 환경이 낯선지 녀석들은 차에 꼼짝 않고 서 있기만 한다. 얼마나 준비하고 기다렸는데 괘씸한 생각도 들었다. 그런데 한 마리 한 마리 이끄는 손길을 따라 내려오는 소를 보자, 서운한 마음은 눈 녹듯 사라졌다. 옛날이야기에 나오는 유순하고 우직한 소, 그 이미지 자체였다.

"모두들 환영한다. 너희를 만나려고 지난겨울부터 보금자리를 만들었단다. 밟고 있는 바닥은 먹어도 안전한 참나무 그루터기에 쌀겨를 섞은 거란다. 너희가 새끼를 가진 것은 잘 알고 있으니 염려 마렴. 같이 잘살아 보자. 집을 지켜주는 용감한 개 똘이가 든든한 친구가 될 거다."

소들에게 이름을 지어주고 일일이 안부 인사를 했다.

본격적인 유기농 순환농법을 시작하다

유기농 순환농법이라고 해서 복잡한 것은 아니다. 쌈 채소를 길러서 좋은 건 사람이 먹고 품질이 떨어지는 것은 소가 먹는다. 그리고 소의 배설물과 여러 부산물을 섞어 퇴비로 만든 다음 토양에 뿌린다. 즉 유기농으로 기른 채소를 소에게 먹이고, 그 소에게서 얻은 퇴비를 다시 유기농 채소밭에 뿌리는 순환 방식이다. 우리 조상이 예전부터 고수했던 전통 방식 그대로였다.

퇴비를 만드는 과정은 복잡하지만 그만큼 장점도 있다. 소의 배설물에 참나무 잘게 부순 것을 넣고, 다시 쌀겨, 깻묵 등을 섞은 뒤 메주를 만들듯 미생물과 함께 발효시킨다. 이때 발효온도가 70℃ 가까이 올라가기 때문에 잡초의 씨앗이나 기생충 알, 소에 해로운 미생물이 대부분 죽는다. 그 후 굴삭기로 10여 차례 뒤집어서 잘 섞은 뒤 120일 정도 숙성시키면 무색무취의 완전한 퇴비가 완성된다. 이런 절차를 거친 퇴비가 밭에 뿌려져 지질을 개선시키고, 유기농 채소로 재탄생하는 것이다.

외부에서 들여온 두엄이나 퇴비를 사용했다가 잔류농약 검사에서 불합격당한 쌈 채소 농장이 몇 군데 있었다. 그렇게 되면 유기농 마크를 못 쓴다. 그러나 우리는 단 한 차례도 불합격당한 적이 없다.

간혹 유기축산을 오해하시는 분도 있다.

'깊은 산속에서 풀을 먹이면 그게 유기농이지, 뭐 별 거 있겠어.'

이는 주먹구구식일 뿐 참된 유기축산이 아니다. 치과대학을 졸업하고 의사자격증을 취득한 뒤에 진료해야 진짜 치과의사지, 어깨 너머로 수십 년 익혀도 자격증 없이 시술하면 이는 의사가 아니라 무면허 돌팔이 의사인 것과 마찬가지다.

의사를 생각해 보면 이렇게 극명하게 차이나는 일을, 농업 분야로 적용하면 물에 물 탄 듯 술에 술 탄 듯 대충해도 괜찮다고 생각한다. 그래서 농산물에도 검증할 수 있는 인증 제도가 있는 것이고 나 역시 장안농장에서 생산하는 쌈 채소에 인증을 받아야겠다는 필요를 느끼게 되었다.

chapter 05

농산물의
반도체 공장을 세우다

소비자의 불신을 해소하라 : 2005년 ISO9001 인증 통과

2004년 3월 어느 날 9시쯤 가족과 늦은 저녁을 먹고 있었다. TV 화면에서 뉴스 아나운서의 심각한 목소리가 흘러나왔다.

"요새 웰빙 열풍에 농약이나 화학비료를 쓰지 않은 유기농산물이 큰 인기를 끌고 있습니다. 비싸도 건강 때문에 일부러 사먹는 분들이 많은데요. 취재 결과 적지 않은 수가 실제로는 유기농산물이 아닌 것으로 확인됐습니다. 가격도 일반농산물보다 서너 배 비싼 상황. 그런데 품질은 얼마나 믿을 수 있을까요. 대형백화점과 유통업체 7곳에서 유기농산물로 팔리는 19개 상품을 무작위로 선택해서 조사했는데, 백화점과 유통업체 네 곳의 고추와 오이, 감자 등 5개 농산물에서 일반농산물 수준의 중질소가 검출되었습니다."

뉴스를 듣는 순간 가슴이 먹먹해졌다. 한동안 아무 말도 할 수가 없었다.

"괜찮을 거예요. 우리만 아니면 되죠. 정말 양심 없는 사람들이나 저런 거예요. 우리 주변에는 저런 사람 없잖아요."

아내의 위로에도 불구하고 밤새 잠을 이루지 못했다. 다음 날 일찍 거래 중인 대형마트 친환경 코너를 찾았다. 평일인 어제만 해도 유기농산물 코너에 주부들이 북적거렸지만 그날은 주말이었는데도 매장이 한산했다. 다른 매장을 둘러보아도 상황은 마찬가지였다.

"어젯밤 뉴스 봤어? 유기농이면 뭐해, 당최 믿을 수가 있어야지."

"그게 무슨 소리예요? 유기농은 다 안전한 거 아니에요?"

"아니, 뉴스에서 그러잖아, 그거 다 가짜라고! 농약 안 친다고 하더니 거짓말이었어."

"어머 정말이요? 정말 믿고 먹을 게 하나도 없네요. 유기농 마크가 붙어 있어서 괜찮을 줄 알았는데."

주부들이 나누는 이야기를 듣고 있자니 가슴이 답답하고 안타까웠다. '장안농장의 쌈 채소는 정말 믿고 드셔도 좋습니다.' 하고 끼어들고 싶었지만 어젯밤 뉴스 하나로 신뢰는 바닥으로 떨어졌는데 무슨 말이 먹히겠는가.

심지어 TV 뉴스 담당자로부터 전화 문의도 왔다.

"요즘 중국산 농약을 사용하는 농가도 있다는데, 그걸 알고 계셨습니까?"

"친환경 유기농 농법으로 농사를 짓는 농가에서 어떻게 비료와 농약을 사용하겠습니까? 그런 일은 절대 없습니다. 자신의 명예와 긍지로 일하는 사람들입니다. 자신을 속이면서까지 농사짓는 사람은 없습니다."

농약을 친다고 가격을 높일 수 있는 것도 아니고 다른 경제적 이익이 따르는 것도 아닌데 누가 농약 따위에 손을 대겠는가. 소수의 양심 없는 사람들 때문에 전체 농가가 엄청난 피해를 입고 있었다.

그러나 이것은 내 생각일 뿐이었다. 이미 엎질러진 물. 아무리 항변해도 돌아오는 것은 소비자의 차가운 시선일 것이다.

소비자의 신뢰를 회복해야 했다. 그동안은 정부에서 마련한 친환경농산물 인증으로 안정성을 입증했지만 이것으로는 부족했다. 소비자들에게 신뢰를 주기 위해서는 강도 높은 안전장치를 마련해야 할 필요성을 느꼈다.

내 관심은 자연스레 국제적인 안전제도로 쏠렸다. 그 중 하나가 ISO9001 인증제도였다. 이 제도는 ISO(국제표준화기구, International Standard Organization)에서 정한 표준에 따라 생산된 제품 또는 경영시스템에 대하여 제3의 기관이 인증하는 체계이다.

ISO 인증의 특징은 상품뿐 아니라 경영시스템을 인증한다는 점이다. 상품 검사는 샘플 채취로 이루어지는데 이로서는 유통되는 모든 채소에 대한 안전성을 입증하기 어렵다. 쌈 채소를 재배하고 포장하여 유통시키는 모든 과정에서 일일이 쌈 채소를 검사할 수 없기 때문이다. 이런 단점을 보완하기 위해 마련된 것이 ISO 인증 제도로, 유통 과정상의 품질관리 체계가 표준에 부합해야 인증을 받을 수 있었다.

당시에는 ISO 인증을 의무화한 규정이 없을 때였다. 더구나 거래 중인 대형마트에서도 ISO를 요구하지 않았다. 물론 인증을 받으면 좋겠지만 농사짓기도 벅찬 영세 농가에서는 복잡하고 까다로운 국제 인증에 시간과 비용을 투자할 만큼 필요성을 느끼지 못한 것이다.

그런 마당에 ISO 인증을 받겠다고 이야기를 꺼냈으니 어쩌면 직원들의 부정적인 태도는 당연한 것이었는지 모른다.

"사장님, 의무사항도 아닌데 꼭 해야 합니까?"

"맞습니다. 다른 곳에서도 안 하는 일을 우리가 해야 할 이유는 없지 않습니까?"

"지금이야 좀 시끄럽지만 우리나라 사람들 원래 냄비근성이 있잖아요. 좀 있으면 잠잠해지지 않을까요?"

그러나 이미 마음을 굳힌 뒤였다.

물론 내가 저지른 잘못은 아니었다. 더구나 거래처 담당자가 무슨 요청을 한 것도 아니다. 그러나 같은 일이 반복될 때마다 소비자의 불안감은 더욱 커지고, 덩달아 선의의 피해자는 늘지 않겠는가? 소비자들의 신뢰가 떨어지면 누가 우리 쌈 채소를 믿고 먹겠는가. 나 역시 그런 뉴스를 보노라면 의구심이 드는 마당에 일반 소비자들이야 오죽하겠는가. ISO 인증에 도전하는 일이 당장은 비용이 드는 일이었지만 장기적으로 보면 더 큰 이익을 주리라고 확신했다.

그 길로 외부 컨설팅 업체에 자문을 구해 ISO 인증 통과를 위한 준비에 돌입했다.

ISO 인증은 품질, 환경, 안전시스템 총 3개 분야에 걸쳐 적합성 심사가 이루어진다. 심사 역시 한 번에 그치는 것이 아니라 '문서심사, 현장심사, 확인심사'의 3단계를 거친다. 즉 문서 중심으로 품질, 환경, 안전시스템을 조사하고, 이것이 현장에서도 그대로 적용되고 있는지 심사한다. 마지막으로 확인심사까지 마치면 인증이 끝난다.

인증 통과를 위한 작업에 총 4개월이 걸렸다. 공식 답변은 합격. ISO 당국은 장안농장의 쌈 채소가 생산관리, 포장, 유통부문에서 ISO9001 표준에 적합하다는 결과를 보내왔다. 국내 유기농업계에서는 처음으로 'ISO9001 : 2000'(2000년에 개정된 기준을 뜻함.) 인증을 획득했다.

유기농업계 최초로 ISO9001 인증을 통과하자 당장 장안농장 쌈 채소를 보는 소비자들의 시선이 달라졌다. 뭘 고를지 망설이다가도 ISO인증 마크를 보고 우리 상품으로 손길을 옮기는 것이다. 거래처의 시선도 달라졌다. ISO 인증 업체라는 메리트 때문에 장안농장에 대한 신뢰성이 높아져 대외적인 인지도가 상승했다.

농산물의 반도체 공장에 도전하다 : 2007년 GAP 인증 통과
유기농농산물의 안전성 논란이 이것으로 끝난 것은 아니다. 마치 상추 밭에 잡초 자라듯 잊을 만하면 한 번씩 안전성 문제가 수면 위로 올라왔다.

"국산 유기가공식품의 88%는 정부의 공식 인증도 받지 않은 채 제조업체 스스로 '유기식품'이라고 표기하는 것으로 드러났다."

"충격! 발암물질 검출 '유기농 참기름' 긴급 회수"

"유기농 인증받은 곡물, 유통과정에서 부패와 변질 막기 위해 약 처리하는 것으로 밝혀져"

"인증마크 위조한 가짜 친환경 스티커를 부착한 업체 조사 착수"

이런 뉴스를 접할 때마다 도대체 언제쯤에나 안전성 논란으로부터 자유로워질 수 있는지 답답하기만 했다. 과거에는 재배 과정에서 농약을 치는 것이 문제가 되었는데, 요즘은 가공하고 유통하는 과정에서 문제가 불거져 불신 풍조는 꺼질 줄 몰랐다.

안전성에 대한 소비자의 눈높이는 갈수록 높아지는데, 업계에서는 그 수준을 따라가지 못하는 상황이었다. 소비자에게 그냥 믿고 먹으라고 할 수는 없는 법. 전 과정에서 안전성을 입증할 수 있는 방법을 찾아야 했다. 앞으로는 생산부터 유통에 이르는 전 과정에서 단 하나라도 안전성 기준을 통과하지 못하면 그 어떤 농산물도 설 자리를 잃을 수밖에 없다는 생각이 들었다.

그래서 생각한 것이 우수농산물관리제도, 즉 GAP(Good Agricultural Practices) 인증 제도를 받는 것이었다.

이 제도는 농산물 생산 단계를 비롯하여 수확, 건조, 보관, 가공, 포장, 유통을 거쳐 소비자의 식탁에 오르기까지 전 과정을 철저하게 관리하기 위해 마련된 것으로, 토양이나 수질 같은 재배 환경

관리는 물론, 농산물에 잔류할 수 있는 농약, 중금속 또는 유해생물 등 110개에 이르는 방대한 항목을 조사하여 안전성을 강화하는 제도였다.

GAP 인증을 받기란 만만치 않은 일이었다. 특히 인증기준에 맞는 유통시설(물류센터)을 필수적으로 구비해야 하고, GAP 인증을 받은 이후에도 생산단계부터 수확 후 출하까지 모든 정보를 관리하여 언제든지 그 과정을 추적할 수 있는 시스템을 완비해야 했다.

당연히 ISO 인증을 준비할 때와는 차원이 달랐다.

준비해야 할 것이 산더미처럼 많았지만 무엇보다 대규모 투자가 필요한 물류센터가 골칫거리였다. 장안농장에서는 농장에서 직접 생산되는 쌈 채소뿐만 아니라 협력농장에서 생산되는 모든 작물이 물류센터로 집결해서 '보관, 세척, 가공, 포장, 배송'의 과정을 거치게 된다. 이처럼 엄청난 물량을 수용하기 위해서는 기존의 시설을 대체할 수 있는 대규모 신규 시설이 필요했다.

일단 농장 인근 부지를 매입하여 대규모 물류센터 착공을 위한 준비에 들어갔다. 물류센터 내 시설 가운데 가장 중점을 둔 곳은 저온창고였다. 대형마트에서도 대부분의 채소는 저온 냉장고에 보관하여 판매한다. 문제는 유통 과정. 수확 후 유통 시설로 이동하는 과정이나 포장 후 최종 판매처로 이동하는 단계에서 상온에 노출되기 때문에 품질이 떨어지는 경우가 있다. 즉 전체 과정에서 딱 두 군데 냉장 보관이 어려운 과정이 끼어 있는 셈이다.

그러나 소비자가 이런 사정을 알 턱이 없다. 이런 유통 과정의 문제를 보완하려면 수확 후 유통 설비로 이동하는 단계부터 바로 저온냉장에 들어가야 하고, 유통과정에서 소비자에게 전달되기까지도 지속적인 냉장관리가 필요하다. 그래서 저온냉장 창고에 막대한 투자를 할 수밖에 없었다.

이렇게 탄생한 물류센터는 국내 최대 규모로 연건평 2,460평에 저온냉장창고만 490평에 달하고, 그 외 부속 건물로 전처리시설과 특수시설로 이루어졌다.

뿐만 아니라 청정한 공기와 쾌적한 습도 유지, 그리고 쌈 채소 세척을 위해 물류센터 내에 특수 시설을 갖췄다. 항균에어컨, 공기청정기, 공기 살균기를 비롯하여 오존수세척기, 오존수살균기, 전해수살균기까지 설치했으며 여기서 그치지 않고 최종적으로 깨끗한 정수기물로 마지막 세척을 거친다.

또 상품을 가공·포장하는 곳은, 먼지 하나도 허용치 않는 정밀 전자제품 작업장이 연상될 만큼 위생관리를 철저하게 했다. 야채를 신선하고 안전한 상태로 유지하기 위해 외부인의 출입을 엄격히 통제하는 것은 기본이고, 작업자들의 복장부터 '입실, 작업, 퇴실'에 이르는 전 과정이 오염방지 절차를 거친다. 작업자들은 손을 소독하고 머리를 단정히 한 뒤 작업장으로 입실한다. 또 작업 중에도 수차례 손을 씻고 신발을 갈아 신도록 했는데 그래서 근로자 1인당 신발 3켤레, 근무복 2벌씩 갖추었다.

물류센터 공사를 진행하면서 동시에 생산이력추적시스템을 구축해갔다. 생산에서 유통까지 농산물의 전 과정을 데이터베이스화하여 관리하기 위해서는 장안농장과 협력농장 전체를 하나의 시스템으로 통합해야 했다. 장안농장에서 공급되는 양상추, 브로콜리 하나하나가 어떤 농가에서 생산한 것인지, 유통은 어떤 곳을 거쳤는지, 각 부문별 담당자는 누구인지 문제가 생겼을 때 어디서 잘못되었는지 찾을 수 있어야 했기 때문이다. 그래서 중소기업청의 지원을 받아 장안농장과 전국의 협력농장을 연계할 수 있는 ERP시스템을 도입했다.

이렇게 물류센터를 비롯하여 생산이력추적시스템과 이를 구현하기 위한 ERP시스템까지 만반의 준비를 마쳤다. 그 결과 2007년 대한민국 최초로 쌈 채소 분야에서 GAP 인증 제도를 통과했다.

현재 장안농장의 GAP 물류센터 내의 모든 시설은 농업 분야의 반도체 공장이라 해도 손색이 없다. 국내 단일 농장으로 이와 같은 최첨단 안전시설과 관리 기법을 동원한 곳은 장안농장 외에는 없다고 자부한다.

물류센터에 들어서면 농산물 유통 센터에서는 찾기 어려운 이런 문구가 적혀 있다.

'삼성이 반도체로 세계 1위를 했다면 우리는 쌈 채소로 세계 1위를 하자'

삼성전자가 하면 전 세계 전자제품의 표준이 되듯이 장안농장이 하면 대한민국을 넘어 세계 유기농의 표준이 된다는 생각으로 쌈 채소의 안전시스템을 지속적으로 개발하고 있다.

우리나라 소비자는 세상에서 가장 까다롭기로 유명하다. 이런

아이들에게 해롭지 않은,
아이들에게 부끄럽지 않은
그런 채소를 길러왔다.

국내 시장에서 인정을 받을 수 있다면 세계 시장도 머지않으리라 생각한다. 이를 위해 장안농장의 이름으로 출시되는 모든 농산물은 그 어느 식탁에 올리더라도 부끄럽지 않을 만큼 깐깐하고 엄격한 장인 정신으로 만든다. 안전성만큼 내 목숨을 걸고 지키고 있으므로 안심하고 드셔도 된다고 자신 있게 말씀드린다.

쌈 채소의 한류를 꿈꾸다 : 2009년 HACCP 인증 통과
농업 CEO연합 모임에 가끔 참석할 때가 있다. 그곳에서 좋은 분들과 정보를 공유하고 두터운 인맥을 쌓기도 하는데 대화를 나누다 보면 자연스럽게 매출 이야기를 주고받는다.

"류 사장님, 올해 매출이 얼마나 되시나요?"

"저 같이 상추 파는 사람이 얼마나 되겠습니까? 2009년에는 100억을 달성했습니다."

"얼마요? 100억이요?"

"아니, 어떻게 상추 팔아서 그런 매출을 올리세요?"

상추 100억 매출은 다른 품목과 비교하면 고기 5,000억 혹은 쌀 1,000억에 버금가는 수준이다. 현재 장안농장은 국내 상추와 쌈 채소 부문에서 출하량, 공급량, 판매량 각 분야 모두 시장점유율 1위를 차지하고 있다. 이런 여러 가지 자료를 종합하면 장안농장은 쌈 채소 시장에서 한국 최고의 자리에 올라 있다고 볼 수 있다.

어디 이뿐인가. 쌈 채소 축제, 공원, 박물관, 연구소, 물류센터, 식당 등 쌈 채소와 관련된 기술적인 설비부터 체험 행사, 문화 공간까지 두루 갖추었다. 동종 업계의 경쟁자들에게 물어도 '아직은 최고가 아니다'라고 말할 사람은 없을 것이다.

그렇지만 나는 국내 최고에서 만족하지 못한다. 나의 도전은 대한민국이 아니라 미국, 일본, 프랑스와 같이 식문화로 세계를 선도하는 나라로 이어졌다.

2008년 일본 동경에서 푸덱스2008(food dex 2008) 식품가공전시회가 열려서 협력농가들과 함께 참가한 적이 있었다. 당시 우리는 동경의 백화점과 농산물 코너를 다니면서 일본의 식품 시장이 어떤지 둘러보았다.

그렇게 전시회 관람을 마치고 저녁 6시쯤 동경 신주쿠 거리를 거닐 때였다. 횡단보도 한 구석에 스타벅스가 보였다. 그런데 스타벅스 매장 한 쪽에 오랜 경력의 장인이 찐빵을 만드는 코너가 자리를 틀고 있었다. 가격은 작은 찐빵 하나에 150엔이었다. 마침 중년 여성들이 삼삼오오 모여서 단팥빵과 커피를 즐기고 있었고, 어떤 분은 따로 포장을 부탁했다. 커피 가게에 딸린 작은 찐빵 가게가 아니라 반대로 찐빵 가게 덕분에 커피가 팔리는 듯한 인상이었다. 그만큼 이 찐빵 가게 하나로 매장 전체가 활기를 띄고 있었다.

그들을 보면서 멋진 아이디어가 떠올랐다.

"이 아줌마들한테 장안농장 최고의 상추를 먹여 보면 어떨까? 이곳에 장안쌈밥집이 들어서면 잘 되지 않을까?"

그때 이후 일본 주부들의 모습이 머릿속에서 떠나지 않았다. 하루 빨리 우리의 쌈 채소를 먹이고 싶다는 생각이 가슴 한 구석에 둥지를 틀었다.

이제 국내가 아니라 해외로 진출해서 더 넓은 세상에서 더 많은 사람들과 만나야 한다는 생각이 들었다. 통관절차와 선도문제만 해결한다면 일본, 중국, 미국 등으로 얼마든지 수출 통로가 열리리라. 이후에도 해외 수출 가능성을 타진하기 위해 모스크바, 이탈리아, 프랑스를 수차례 다니며 시장을 조사했다.

조사 결과는 매우 긍정적이었다. 가능성을 확인한 것이다. 우리 농부들은 정교한 손놀림, 예리한 관찰력 그리고 동양의 삼국 중에서 가장 미각이 발달해 있다. 더구나 채소를 맛있게 키우는 능력도 갖췄다. 그런데 우리나라 농부만 자신이 어떤 능력을 지녔는지 모르고 있다.

채소만 놓고 보면 세계에서 가장 앞선 나라가 우리나라다. 서양에서는 주로 채소를 슬라이스로 만들어 드레싱을 곁들여 먹는다.

그러나 우리는 맵고, 달고, 쓴 채소를 다양한 방법으로 먹고 있다. 채소를 다양하게 즐기는 우리나라 방식이 세계에 알려지면 대단한 한류가 될 것이라고 생각한다.

오늘도 나는 일본의 긴자거리, 중국 북경, 뉴욕 브로드웨이, 파리 샹젤리제, 모스크바 크렘린 등 세계의 주요 도시에 쌈 채소를 전하고 싶은 마음이 간절하다. 전 세계인이 '원더풀'을 외치며 상추와 깻잎으로 스테이크를 싸먹는 모습을 상상하는 것만으로 너무 즐겁다.

그런 마음 때문에 준비했던 첫 번째 과제가 해외 수출을 위한 기준 통과였다. 바로 HACCP 인증이었다. 이는 친환경인증, GAP 인증을 한 단계 뛰어넘는 엄격한 기준으로 국내에서는 지금까지 아무도 도전하지 못했던 국제인증제도였다.

HACCP(Hazard Analysis Critical Control Point) 인증은 일명 '해썹'으로 불리는 인증 시스템으로, 식품을 취급하는 작업장에서 작업과정 중에 발생되어 공중위생에 해로운 영향을 미칠 수 있는 위해요인을 중점 관리하는 위생관리 기법이다. 대개의 경우 김치공장이나 도축업체, 식품업체 같은 곳에 적용되는데 농산물 분야에서는 해외 HACCP 인증을 받은 곳이 없었다.

특히 HACCP는 전 세계적으로 가장 효율적인 식품 안전 관리 체계로 인정받고 있기 때문에 미국, 일본, 유럽연합이나 국제기구 등에서도 모든 식품에 HACCP를 적용할 것을 적극 권장하고 있다. 나는 단순히 쌈 채소 수출을 목표로 삼지 않았다. 한 단계 더 나아가 장안농장을 쌈 채소와 관련된 종합식품회사로 만드는 것이 궁극적인 목표였으므로 HACCP는 필수적인 과제였다.

장안농장은 2008년 국내 최초로 유기농 HACCP 인증에 도전했다. 해외 HACCP 인증은 이전에 진행했던 인증 절차보다 훨씬 복잡하고 까다로웠다. 국내 유명 식품회사들도 도전을 망설일 만큼 통과가 어려웠고, 실제로 도전에 실패한 사례도 많았다. 전례가 이런 까닭에 우리가 도전하겠다고 했더니 다들 비웃었다.

"대기업도 힘들다는데 자기들이 무슨 수로 하겠어?"

"저거 또 잘난 체하는 거 아냐."

"그러게. 대한민국 최초가 그렇게 좋은가?"

이런 곱지 않은 시선에도 굴하지 않았던 이유는, 단순히 '대한민국 1호'가 되고 싶은 욕심 때문이 아니었다. 우리 스스로 세상에서 가장 안전하고 완벽한 식품회사를 만들어 미국, 일본, 중국 등 국내 유기농업계에는 미개척지로 남겨진 해외로 우수한 우리의 농산물을 보급하고 싶은 마음이 굴뚝같았다.

HACCP 태스크포스 팀은 몇 날이고 밤을 지새우며 준비에 여념이 없었다. 어떤 직원은 눈이 벌겋게 충혈되어서 의사로부터 당분간 컴퓨터를 하지 말고 푹 쉬라는 권고를 받았지만 도무지 쉬려고 하지 않았다. 그래서 아예 여관방에 격리하여 출근을 말린 적도 있었다. 인증을 준비하면서 아무도 가지 않은 길을 간다는 것이 얼마나 어려운 일인지 다시 한 번 절실하게 깨달았다.

1년이 넘는 동안 연구진은 불철주야 연구에 매진했고, 막대한 예산을 투자하여 시설을 갖추었다. 그렇게 수백 페이지가 넘는 관리 지침과 매뉴얼을 하나씩 마련한 끝에 상장기업들도 하기 힘들다는 HACCP 인증을 유기농업계 최초로 통과했다.

물론 이것으로 끝은 아니었다. 2009년에는 해외 수출을 위한 마지막 단계인 국제 유기농 인증에 도전하여 미국 USDA/NOP(Control Union) 인증과, IFOAM 국제인증(글로벌유기농)을 동시에 획득했다. 이로서 해외 수출을 위한 모든 준비를 끝마쳤다.

더 큰 시장이 있고, 시장이 계속 변하는 한 장안농장 역시 또 다른 변화를 준비할 것이다. 어쩌면 그동안 이룩한 혁신보다 더 어렵고 더 색다른 시도가 될지도 모르지만 변화에 발맞출 준비는 되어 있다. 지금까지 걸어왔던 길은 아무것도 아니라고 생각한다. 지난 날을 돌이켜 보며 안도하며 쉴 만큼 에너지가 다하지도 않았다. 물론 이 길의 끝에 파랑새가 있는지 없는지 그것은 모른다. 그렇지만 누군가 가야 한다면 장안농장이 제일 앞에서 달리고 싶다.

chapter 06

장안은 최고의 명품만을 고집한다

**5월 6일 아침 10시 남쪽으로 자란,
크기 8cm의 상추 잎이 명품 상추**

"대다수의 유기농식품들이 너무 비싼 거 같습니다. 단가를 낮출 수 있는 방법은 없을까요? '웰빙은 또 하나의 과소비다'라는 말도 나오기 시작하거든요. 잘 먹고 잘사는 거야 우리가 바라는 바이지만 돈이 너무 많이 들어서 쉬이 손길이 가지 않습니다. 결국 유기농 역시 잘사는 사람들에게 주어지는 특혜가 아닐까요. 여하튼 저 같은 서민도 부담 없이 매일 밥상에서 유기농식품 먹고 싶은 나머지 몇 자 적어 보았습니다."

홈페이지 게시판에 어느 소비자께서 남긴 글이다. 소비자의 그 마음을 모르는 바는 아니나 품질이냐 가격이냐 하고 묻는다면 나로서는 가격보다는 품질을 택할 수밖에 없다.

유기농 식품들이 일반 식품에 비교해서 비싼 것은 사실이다. 그렇지만 무작정 가격을 높이는 것은 아니다. 유기농은 농약이나 비료를 사용하지 않기 때문에 생산성이 관행농법의 70%에 그친다.

300평 밭에서 잡초를 제거한다고 해보자. 관행농법에서는 6,000원짜리 제초제 한 병이면 밭 전체가 아주 깨끗해진다. 하지만 유기농법에서는 농약을 쓸 수 없기 때문에 일일이 손으로 잡초를 제거해야 한다. 1명당 3만 원씩 잡고 3명을 쓰면 벌써 9만 원이다. 관행농법보다 15배 비싸다. 이렇게 사람을 쓰고도 잡초를 깨끗이 제거할 수 없기 때문에 며칠 뒤에는 잡초가 수북하게 올라온다. 또 일손이 필요해진다. 이것까지 따지면 유기농에 따르는 비용은 수십 배가 훌쩍 높아진다.

또한 재배 과정에서도 수많은 비용이 들어간다. 내 경우는 맥반석가루나 참숯도 사야 하고, 은을 녹인 은나노 물도 뿌린다. 지하 150미터에서 끌어올린 암반수에 옥돌을 넣어 미네랄이 풍부한 물을 만들어야 하고, 목초액과 제충국제(식물에 함유된 성분을 이용한 살충제), 마늘즙도 뿌려야 한다.

어디 이뿐인가. 일반농산물은 비닐봉지에 둘둘 말아서 판매하면 그만이지만 유기농산물은 정부와 인증기관에서 정한 상자에 담아서 팔아야 한다. 이처럼 장안농장의 쌈 채소는 밥상에 오르기까지 비용 부담이 크기 때문에 가격도 비쌀 수밖에 없다.

물론 생산 단가를 떨어뜨려 가격을 낮출 수 있는 방안도 있다. 그러나 유기농 채소라는 것이 품질로 승부하는 상품이므로 생산 단가를 낮추는 일이 생각만큼 쉽지 않다. 섣불리 생산 단가를 낮추어 가격 경쟁에 뛰어들었다가 도리어 품질에서 신뢰를 잃어 소비자에게 외면당할지도 모르기 때문이다.

사실 현재 가격도 생산 단가를 고려하면 어느 정도 낮춰진 상태이다. 마진폭을 줄였기 때문. '아휴, 남는 것도 없어요.' 하는 말만큼 믿기 힘든 소리도 없겠지만 내 경우는 마진을 줄여 가격을 낮출 수 있는 이유가 있다. 부족한 부분을 다른 곳에서 채우기 때문이다.

현재 장안농장의 상추는 1.5kg당 15,000~100,000원까지 가격을 차등화하여 판매한다. 가끔 고객 가운데 무슨 상추가 1.5kg에 10만 원이나 하냐며 금테라도 둘렀냐고 물어보신다.

유기농 상추 1.5kg에 10만 원이면 비싼 가격임에 틀림없다. 그렇지만 아무 이유도 없이 이 엄청난 가격을 붙인 것은 아니다. 귀농 초창기 시절, 특별한 상추를 재배하여 1kg에 10만 원에 팔겠다고 했더니 우리나라에서 그 값이 가당키나 하냐며 미친놈 취급을 했다.

"아니, 사장님. 어떻게 상추를 10만 원이나 받아요? 무슨 수로요?"

"한 상추에서 최고로 맛있는 상추 2잎만 따서 최고 명품 상추를 만드는 거야."

"네? 한 상추에서 2잎만 팔자고요? 그럼 2잎을 골라내는 데 들어가는 인건비도 만만치 않을 텐데요?"

"물론 그렇겠지. 대신 그 2잎은 일반 상추에 비해 10배, 100배 가치를 인정받아야지. 내가 어떻게 공부하고 노력해서 출하한 상품인데 일반 상추랑 똑같이 팔아서야 되겠어?"

"예? 가격을 10배 높인다고요? 가격을 낮춰도 시원찮을 판에 가격을 올리자고요?"

"예를 들어 사과나무 한 그루에서 100개의 사과가 나온다고 해 보자. 그 중 흠집 없고 빛깔 곱고 맛 좋은 특등 사과는 5개 정도 나올 거라고. 40개는 중간 품질일 거고. 그렇다면 이 5개의 가치가 중간 품질인 40개의 가치와 맞먹는 거라고 보면 쉽지. 5개의 특등 사과를 살 수 있는 여력이 되면 사먹는 것이고, 이게 비싸면 중간 품질 40개를 사먹으면 되는 거야.

농산물이 싸야 한다는 생각은 버려야 돼. 상위 1%를 위한 명품농산물을 만들어서 부가가치를 높여야 한다고. 상위 1% 사람들은 최고의 가치가 담긴 최상의 상품을 원하는데 국내에는 파는 곳이 없으니 수입 농산물을 먹는 것 아니겠어? 그러니 우리가 명품 농산물을 키워서 팔고 우리는 그 돈을 다시 농사에 투자하자 이 말이지."

5개 특등 사과를 만들 수 있다는 자부심으로 똘똘 뭉친 내게 그 품질에 합당한 가격을 포기하라는 것은 곧 상추를 만들지 말라는 말과 같다. 더구나 특별 상품을 만들어서 이윤을 남기면 여기서 남긴 이윤을 다시 농사에 투자하는 순환 구조를 갖출 수 있으므로 가격이 너무 비싸다는 소비자의 불만을 어느 정도 해소할 수 있을 것이라고 생각했다. 그 돈을 내가 벌겠다는 뜻이 아니라 그에 합당

상추, 나에게는 단순한 채소가 아니라 나의 살과 피다.

한 대우만 받으면 나로서는 만족이라는 말이다.

생명이 있는 것들은 모두 신기하지만 내게는 상추만큼 신비로운 것도 없다. 봄에 너무 일찍 심으면 일조량이 부족하고, 너무 늦게 심으면 뻣뻣해진다. 또, 하나의 뿌리에서 자란 상추라도 부위에 따라서 맛이 다른데 북쪽보다는 남쪽을 향해 있는 상추들이 햇빛을 보는 시간이 길기 때문에 더 깊은 맛이 난다. 즉 같은 상추라도 수확 시기와 부위에 따라 맛이 다르다.

그렇다면 어떤 상추가 가장 맛있을까?

바로 5월 6일 아침 10시 남쪽으로 자란 크기 8cm의 상추 잎으로, 줄기는 두꺼운 것이어야 한다. 바로 이 상추 2잎이 명품 중에서도 최고 명품이다. 물론 이런 결론은 한두 번 재배 경험으로 얻어질 수 있는 것이 아니다. 수백 번 심어보고, 먹어보고, 재배하고, 수확하면서 자연스럽게 답을 찾았다. 그래서 이 최고 명품 상추

1.5kg에 10만 원이라는 가치를 매긴다.

장안농장은 일반 농산물처럼 생산성을 높이는 것을 목표로 삼고 있다. 지금까지는 품질로서 일반 농산물과 경쟁했지만, 이제는 가격 면에서도 일반 농산물과 경쟁하고 싶은 것이다. 그래서 '서민을 위한 유기농'을 마음에 깊이 새기고 더 저렴하게 먹을 수 있는 유기농을 위해 노력할 것이다.

대한민국 최초라는 타이틀에 욕심 없다

하루는 회사 홍보자료를 만들기 위해 농장의 연역을 정리하고 있었다. 그런데 찾다 보니 '대한민국 최초'라는 기록이 참으로 많았다.

1997년 대한민국 최초 우체국 주문판매 실시
1998년 대한민국 최초 쌈 채소 축제 개막
  대한민국 최초 친환경쇼핑몰 개설
  대한민국 최초 쌈 채소 공원 개원
  대한민국 최초 쌈 채소 박물관 개관
2001년 대한민국 최초 예약제에 의한 장안농장 방문 시행
2002년 대한민국 최초 장안농장 유기농업 연구소 개설
2004년 대한민국 최초 유기재배 어린채소 신상품 출시
  대한민국 유기농 최초 ISO9001:2000 인증 획득
  대한민국 최초 무농약 싹 채소 국내 출시
2005년 대한민국 최초 유기재배 허브차 출시

2006년 대한민국 유기농 최초 이노비즈 인증기업 획득

　　　대한민국 최초 경영혁신형중소기업 인증

2007년 대한민국 최초 쌈 채소 GAP 물류센터 개점

　　　대한민국 최초 유기농세척 쌈 채소 출시

　　　대한민국 최초 브로콜리 표준화 및 조각 브로콜리 출시

2009년 대한민국 최초 쌈 채소 부문 해외 HACCP 인증 획득

　　　대한민국 최초 쌈 채소 부문 미국 USDA/NOP 인증 획득

　　　대한민국 최초 IFOAM 국제인증(글로벌유기농) 획득

2011년 대한민국 농업인 최초 금탑산업훈장 수상

　　　대한민국 최초 된장찌개/쌈장 경연대회 개최

　　　대한민국 최초 장안유기 양배추즙/야채육수 출시

2012년 대한민국 최초 도제제도에 의한 귀농인협력농장육성 개시

　　　대한민국 최초 유기농야채 배달식탁 출시

　　　대한민국 최초 핸드메이드 유기농 상품 출시

　　　대한민국 최초 유기농체험 원스톱체험농장 출시

　　　대한민국 농장 최초 장안과 함께하는 점심경매행사

　　　대한민국 농장 최초 장안과 함께하는 소장품문화경매

'대한민국 최초' 타이틀이 이어지자 유기농업계에서는 '장안농장이 하면 모두 대한민국 최초'라는 말이 통용되고 있다. 물론 비교적 초창기인 2001년부터 장안농장이 친환경 농정 탐방교육장으로 지정되면서 전국의 많은 농업인이 우리를 배우겠다며 견학을 요청해왔다.

지금까지 장안농장을 다녀가신 분들이 50만 명이 넘는데 친환경 유기농에 종사하시는 분들은 3명 중 1명꼴로 방문하셨다. 장안농장이 그만큼 수많은 업체들의 배움터가 되고 롤 모델이 되었다는 증거이다. 그래서 단순히 돈을 버는 일에 그치지 않고 유기농업계를 대표하는 곳으로서 한국농수산대학, 건국대학교 생명과학대학의 현장교수로 활동하기도 했다. 어깨가 무거워지는 순간이다.

상패도 차고 넘치게 받았다. 농림부 장관상 3회 수상, 우리 미래를 여는 천인(千人)상 수상, 신지식인농업인 장(章) 채소 부문 수상, 농업의 노벨상이라 불리는 대산농촌문화상 농업구조 개선 부문 수상, 대한민국친환경농업대상 생산자 부문 수상, 농업인 홈페이지상, 그리고 금탑산업훈장과 이마트 윤리경영대상까지 열거하기 어려울 정도로 많은 상을 받았다.

그러나 나는 상을 받기 위해 도전을 한 것도 아니고, 최초가 되겠다는 명예욕에 불타서 일한 것도 아니었다.

1997년 초 사업에 실패하여 빈털터리로 귀농한 나로서는 남들 다 떠난 농촌에서 부가가치를 창출해야 했다. 기존의 방법으로는 안 되고, 그래서 새로운 아이디어를 찾기 위해 밤낮으로 연구에 매진했다. 중간 도매상이나 도매시장 대신 우체국 주문판매와 인터넷 쇼핑몰이라는 판로를 개척한 것도, 농산물 자체만으로는 차별화가 힘들어 문화를 접목하여 쌈 축제와 공원, 박물관을 만든 것도 모두 그런 절박한 심정에서 시작한 일이다. '대한민국 최초'라는 기록은 단지 부가적으로 얻은 것일 뿐 그런 타이틀에는 욕심이 없었다.

'누구나 하는 생각, 누구나 하는 방법, 누구나 하는 사업'

잘 되는 사업이라면 2등 전략으로도 돈을 벌 수 있겠지만 특히나 농업 분야에서는 이런 생각으로는 경쟁력을 찾을 수 없었다. 그래서 남이 하지 않는 일을 끊임없이 시도했고, 그 과정에서 '대한민국 최초'라는 타이틀이 점점 늘어난 것뿐이다.

유기농 가공품으로 부가가치 창출을 모색하다

2005년도에 새로운 분야에 도전한 것도 그런 맥락이었다.

'쌈 채소 말고 다른 사업은 뭐가 없을까? 설령 쌈 채소가 망하더라도 장안농장을 버틸 수 있는 후속 대책이 필요하지 않겠는가?'

이런 고민을 털어놓았더니 돌아오는 답변은 '배부른 소리'. 하지만 장안농장의 규모가 커지고, 책임져야 할 식구가 늘자 고민도 깊어졌다.

농업이 과거와 같은 1차 산업에 머문다면 농업의 미래는 없다. 그렇다면 농사짓는 사람이 살아남기 위해서는 어떻게 해야 할까? 예전처럼 벼농사만 지어서는 고소득을 올릴 수 없기 때문에 누룽지나 쌀 과자, 식혜, 강정처럼 쌀을 재료로 한 먹을거리를 만들어 부가가치를 높여야 한다. 현재의 농업을 2차, 3차 산업과 연계하지 않으면 살아남을 수 없다.

이런 판단 아래 2005년도에 유기농으로 키운 농산물을 가공품으로 만드는 '유기농 가공사업'에 도전했다. 물론 단기적으로 큰 매출을 올리기는 힘들겠지만 미리 준비하지 않으면 도태되고 말 것이 분명했다.

그중 첫째로 도전한 것이 '유기농 누룽지'였다.

보통 식당에 가면 후식으로 누룽지를 끓여 주는데 어떤 곳은 국물이 시커멓고, 또 어떤 곳은 맹물처럼 허연 누룽지를 준다. 어디 색깔뿐인가. 맛도 제각각이다.

제대로 된 누룽지를 만들어 보자고 다짐하고 기존에 출시된 가공누룽지는 물론이고 부산, 대구, 서울, 강릉 등 누룽지가 맛있다는 전국의 식당을 찾아다니면서 누룽지를 맛보았다. 지금까지 먹은 누룽지만 해도 수백 그릇은 넘을 것이다.

'어떻게 하면 예전 우리 어머니가 시골 가마솥에서 만들어주신 구수한 누룽지 맛을 살릴 수 있을까?'

전통 방식에 따라 가마솥으로 누룽지를 만들려면 '제조, 가공, 포장'에 이르는 전 과정이 복잡하고, 비용도 만만치 않다. 설사 이렇게 만들어서 내놓는다고 해도 중국산 누룽지와 가격 경쟁이 되지 않으니 누가 선뜻 나서는 사람이 없는 것이다.

'그렇다면 내가 제대로 만들어보자. 가장 맛있고, 믿고 먹을 수 있는 안전한 누룽지에 도전해 보자.'

역시나 직원들이 반대하고 나섰다.

"사장님, 쌈 채소 키우다 말고 무슨 누룽지예요?"

"중국산 누룽지가 헐값에 들어오는 판국이에요. 다른 누룽지 회사도 다 망해서 포기한다는데 왜 사장님은 거꾸로만 하세요?"

"남들이 안 하니까 우리가 하는 거지. 누구나 다 하면 우리가 만들 필요가 있겠어? 최고급 누룽지를 만들면 승산이 있을 거야."

　직원들의 반대를 무릅쓰고 유기농 누룽지 만들기에 도전했다. 최고의 누룽지 맛을 내기 위해 품종을 찾는 것부터 시작하여 건조방법, 가공방법, 포장까지 직접 연구하면서 숱한 시행착오를 거쳤다. 누룽지 개발에 투자한 시간과 비용도 엄청났는데 그렇게 해서 태어난 것이 대한민국 최초로 현재 판매되고 있는 유기농 간식용 조각누룽지와 끓여서 먹는 누룽지이다.

도전은 곧 삶이다

누룽지 다음으로 도전한 품목은 유기농 허브차였다.

　그전까지만 해도 유기농 허브차는 수입제품이 많았다. 수입 허브차와의 차별화가 관건이었다. 그래서 시장조사부터 철저하게 시작했다. 일본산, 네덜란드산, 프랑스산, 영국산, 독일산, 스위스산 등 지금까지 마셔본 허브차만 해도 수천 잔에 달한다. 그렇게 마시다 보니 미흡한 점이 보였다.

　시중에 유통되는 허브차는 아무래도 수입품이다 보니 유통과정이 길다. 유통과정을 거치는 동안 이미 향이 날아가서 정작 소비자 손에 닿을 때면 허브 본연의 향기가 사라진다. 또한 제조 당시에는 갓 딴 허브 잎으로 차를 만들겠지만 운송되는 동안 잎이 바스러지고 가루가 되어 텁텁한 맛이 난다. 이러한 단점을 보완하기 위해 수천 종의 허브모종을 찾아서 맛을 보며 수확 시기를 연구하고, 차별화를 위해 햇것으로 허브차를 만들어 보았다.

포장의 문제도 있었다. 그때까지만 해도 허브차는 부직포 포장이 대부분이었다. 당연히 부직포에 허브 가루가 묻게 되고, 이 찌꺼기가 물에 풀어져 깔끔한 맛을 해쳤다.

이를 해결할 수 있는 포장이 없을까 연구한 끝에 삼각피라미드 포장방법을 발견한 업체와 제휴하여 삼각티백나이론 포장에 허브차를 담았다. 새로운 재질의 포장으로 부직포 포장의 단점이 해결되자 허브차의 맛이 완연히 달라져 본연의 맛을 느낄 수 있었다. 이렇게 오랜 시장조사와 연구, 수많은 실패를 거듭하며 2006년 대한민국 최초로 유기농 허브차를 출시했다.

유기농 가공품을 만드는 과정은 쉽지 않았다. 쌈 채소 재배와는 전혀 차원이 다른 일이었다. 유기농 누룽지 하나만 해도 쌀의 품종 선택, 수확, 가공, 포장까지 과정 자체가 복잡했다.

"대한민국에서 공장을 하는 사람은 전생에 지은 죄가 많아서 그렇다는데, 식품가공을 해보니 이것은 전생에 가장 나쁜 죄를 저지른 사람이 하는 일인가 봐."

예전에 어느 선배가 한 말이다. 그때는 그냥 힘드니까 푸념하는 소리라고 여겨 웃고 말았는데 그런 게 아니었다.

유기농 가공품을 개발하면서 그 선배의 말이 조금이나마 이해가 되고, 어떤 가공품도 소홀히 만들어서는 안 된다는 사실을 깨닫게 되었다.

이후로도 유기농 가공품에 대한 도전은 계속되었다. 빛깔 좋은 뽕잎차를 비롯하여 당근, 시금치, 허브 등 각종 채소를 이용한 유기농 쌀 과자, 유기농 보리차 등 우리 건강을 지키는 가공품을 계속 개발하고 있다.

이 길이 외로운 길임을 나는 잘 안다. 내가 유기농 가공품에 도전하겠다고 하자 장안농장 직원들은 이해할 수 없다는 반응을 보였다.

"사장님, 돈도 안 되는 가공품에 왜 그리 정성을 쏟으십니까?"

"지금이야 그렇지만 가공품도 유기농이 대세인 시대가 올 거야. 이젠 국내가 아니라 해외에서 인정받을 수 있는 유기농 가공품을 만들어야 해. 그때를 미리 준비해야지."

현재 장안농장이 보유하고 있는 '국내 최초' 타이틀은 100개가 넘는다. 요즘 말로 장안농장은 '대한민국 최초'의 달인인 셈이다. 국내 기관에서 제공하는 인증은 모두 다 받았을 뿐 아니라 유기농업계에서 우리만큼 많은 인증이나 허가를 받은 곳도 없다.

그동안 시행착오를 거치면서 남 몰래 많은 눈물을 쏟았다. 오랫동안 내 곁을 지킨 친구들은 말한다.

"왜 아무도 하지 않는 어려운 일만 골라서 하는지 이유를 통 모르겠다."

최고를 향한 도전은 내게 삶이다. 과연 내가 언제까지 도전할 수 있을까? 더 이상 시도하지 못할 때 아마도 그것은 내게는 죽음의 순간이리라. 이 육신이 살아 있을 때까지는 도전해 보는 것이 삶에 대한 나의 의무라고 생각한다. 편안한 삶이 그립다면 그때는 더 이상 살 이유가 없다. 시간이 허락하는 한에서 나는 내 한계에 도전할 것이다.

•

이제는 농산물도 감동을 주어야 한다.

누구나 똑같은 상품을 만드는 시절이라면 값싼 제품이 인기를 끌 것이다.

누구나 똑같은 가격의 상품을 파는 시절이라면 품질 좋은 상품이 인기를 끌 것이다.

그런데 누구나 값싸고, 품질 좋은 상품을 판다면 과연 무엇으로 승부를 할 것인가.

남보다 한 발 앞서 신상품을 만들고, 감동을 주어야 하지 않겠는가.

'좋은 상품을 만들자.'

나는 이런 말을 하고 싶지 않다. 세상에는 좋은 상품이 넘쳐난다.

제품 만드는 기술은 금세 공유되므로 따라잡기는 시간문제이다.

좋은 상품만으로는 경쟁력을 갖출 수 없다.

좋은 상품을 넘어 감동을 주는 상품을 만들어야 한다.

그것이 유일한 마케팅 비법이다.

•

02

상추에
감동을 담아라

chapter 01

품질은 최고, 판매는?

헐값에는 넘기지 않겠다

특허 출원을 마친 중소기업, 그러나 판로가 없는 중소기업. 나에게도 딱 그런 시절이 있었다. 제품은 최고라고 자부하는데 팔 데가 없어서 발을 동동 구르며 사방팔방 돌아다니며 그 얼마나 가슴을 졸였던가. 왜 내 상추를 몰라주는지 사람들이 원망스럽기도 하고 내가 정말 제대로 된 상품을 만든 것인지 의심이 들 때도 있었다.

유기농 노하우를 사사받은 이해극 형님으로부터 이 정도면 유기농 상추로서 손색이 없다는 칭찬을 들을 만큼 상추 재배에서는 어느 정도 자신감이 붙었다. 더구나 형님을 대신하여 서울 쌈밥집에 공급을 하고 있었으니 일단 유기농 입문은 마친 셈이었다. 그러나 이것으로는 충분한 수입을 기대하기 어려웠다. 은근히 내 상추에 대한 세간의 평가도 궁금했다. 잘 만들었다면 제값을 쳐주지 않겠어?

하루는 제일 싱싱하고 품질이 좋은 상추 20상자를 싣고 농산물 도매시장으로 달려갔다. 마침 도매상이 있기에 가격을 어느 정도 쳐줄 수 있는지 물었다.

"한 상자에 7백 원 합시다."

"얼마요? 7백 원? 지금 농담하시는 거죠?"

"이 양반이 귀가 먹었나? 7백 원도 후하게 쳐준 거요. 요새 상추가 얼마나 흔한데."

"너무 하신 거 아닙니까? 이 상추는 농약 치고 기른 상추하곤 품질이 달라요. 정부에서 친환경 인증마크도 받았다고요. 차원이 다른 상추란 말입니다. 일단 한번 먹어보시면……."

"아 글쎄, 친환경이고 뭐고 간에 난 그런 데는 관심 없어요. 정 싫으면 다시 싣고 가요. 바빠 죽겠구먼."

7천 원을 받아도 시원찮을 판에 7백 원이라니. 상자 가격 4백 원을 제하면 3백 원이 남는다. 그나마도 하역비와 용달 기름 값 빼면 적자다.

'이게 어떤 상추인데……. 밤잠 설치며 잡초와 씨름하고, 전국 방방곡곡을 쫓아다니며 난다 긴다 하는 고수들에게 무릎 꿇고 배워서 키운 세상에 단 하나뿐인 상추인데……. 고작 7백 원이 무슨 말

인가. 도저히 이럴 수는 없어. 이건 말도 안 돼.'

목이 칵 메었다.

농약 쳐서 기른 옆집 할머니 상추는 한 상자에 1,200원을 받았다고 한다. 당시에는 친환경 농산물에 대한 인식이 부족하여 소비자들은 흠 하나 없이 반듯한 상추를 찾았다. 상대적으로 색깔이 선명치 않고 벌레 먹은 자리가 많은 친환경 상추는 몸에 좋다고 아무리 떠들어도 거들떠보지 않았다. 그러니 도매상 역시 제대로 된 가격을 쳐줄 리 만무했다.

상추를 버리는 한이 있더라도 그 가격에는 도저히 팔 수 없었다. 상추 20상자를 고스란히 싣고 발길을 돌렸다. 내 상추의 가치를 인정하는 사람에게만 팔고 싶었다. 자식 농사보다 더 많은 손길로 돌본 상추가 헐값에 넘어가는 꼴을 볼 수 없었다.

'지금 당장 아쉬워할 필요 없다. 내 가치를 알아주는 사람에게만 팔겠다. 이 상추가 어떤 상추인지 진가를 알아보는 사람에게만 팔 테다.'

그러나 차를 몰고 충주로 돌아오다 보니 아내에게 어떻게 말을 꺼내야 할지 막막했다. 틀림없이 좋은 가격에 팔고 오리라고 잔뜩 기대하고 있을 텐데, 뭐라고 둘러대야 하는가. 하지만 현실이 그렇다면 숨길 수도 없는 일이었다.

"잘했어요. 그렇게는 절대 팔지 마요. 내가 좌판을 벌여서라도 팔 테니까 절대 함부로 넘기지 마요. 그게 어떤 농사인데……. 어떻게 사람들이 그럴 수가 있어?"

아내는 나보다 더 흥분하며 오히려 잘했다고 나를 위로했다.

실패로 돌아간 공짜 마케팅

그렇다면 내 상추를 누구에게 팔 것인가?

비닐하우스에서 잡초를 뽑으면서도 머릿속은 온통 '내 상추의 가치를 제대로 알아주는 사람이 어디 있을까?' 하는 생각뿐이었다. 무작정 찾아가서 상추 팔아달라고 떼쓸 수도 없는 노릇이었다. 아닌 게 아니라, 일단 시식을 해보면 달라지지 않을까? 생각 끝에 뇌리를 번득 스치는 생각.

'공짜로 나눠주자.'

세상에 공짜 싫어하는 사람이 있을까? 맛있고 싱싱한 쌈 채소를 거저 준다면 웬 횡재냐 하며 받아갈 것이다. 그렇다면 어디에서 나눠줄까? 고속도로 휴게소가 물망에 올랐다. 주말이면 휴게소는 사람들로 북적거리니 이보다 더 좋은 장소는 없으리라. 쌈 채소를 무료로 나눠주면 이를 먹어본 소비자들이 가치를 인정할 것이고, 그러면 자연스레 입소문이 돌고 주문도 덩달아 늘어나지 않을까, 그렇게 생각했다.

예정된 주말 오후가 임박했다. 아내와 나는 쌈 채소 세트 500봉지를 준비하여 휴게소로 향했다. 아무리 길어도 1시간, 어쩌면 30분 만에 동이 날지도 모른다고 예상했다. 차에서 내리자마자 곧 휴게실로 향했다.

"유기농 채소를 공짜로 드립니다. 홍보용으로 드리는 것이니 부담

없이 한번 드셔보세요."

30분은커녕 1~2시간이 지나도 거들떠보는 이가 없다. 왜들 안 받아갈까? 아마도 도매상이 그랬듯이 사람들 역시 친환경 농산물에 대한 인식들이 부족하기 때문이 아닐까? 그래서 겉모습만 보고 도리질을 치는 것이 아닐까?

작전을 바꾸었다. 연봉 3천 이상, 즉 중산층 이상으로 보이는 사람에게 접근해야겠다고 생각했다. 이 정도 소득이 되어야 일반 상추보다 비싼 우리 상추를 구매할 수 있겠다고 판단했기 때문이다. 휴게소로 사람들이 들어오면 일단 옷차림이나 모양새를 살폈다. 그런데 의외로 행색이 반듯한 사람은 드물었다.

마음이 조급해졌다. 휴게소로 해결될 일이 아니었다. 주차장으로 달려갔다. 중형차 앞으로 다가가 문을 두드렸다.

"상추, 치커리를 공짜로 나눠드립니다. 창문 좀 열어주세요."

사람들의 반응은 냉담했다. 곁눈질만 할 뿐 창을 내리는 사람도 거의 없었다.

"여보, 우리를 잡상인으로 아나 봐요."

"내 참, 공짜로 나눠주는 것도 쉽지가 않구먼. 안 되겠어. 그만 철수하지."

첫 번째 공짜 마케팅은 보기 좋게 실패로 돌아갔다. 총 5시간 동안 '공짜'를 외치며 돌아다녔으나 2봉지 나눠준 것이 전부였다. 공짜라면 너도 나도 손을 내밀 줄 알았으나 쉽게 생각한 내 잘못이었다. 아무래도 도매상의 그 말처럼 상추가 너무 흔했던 것이 한 가지 요인이었을지도 모른다. 시장에 가면 널리고 널린 게 상추인데 누가 굳이 받아가려고 하겠는가? 아무래도 다른 접근방법이 필요했다.

신뢰의 힘을 체험하다

어느 날, 서울에 사는 친척 한 분이 우리 집을 찾았다. 그런데 상추를 먹어보더니 너무 너무 맛있다는 반응이었다.

"동생, 여기서 골치 아프게 그러지 말고 우리 아파트 주민들한테 직거래로 팔면 어떤가?"

정신이 번쩍 들었다. 그런 방법도 있겠구나, 왜 생각 못했지?

일단은 시식이 중요했다. 상추 5상자를 마련해서 가는 길에 홍보를 부탁했다.

"형님, 차에 다 실었습니다. 부녀회나 노인정에 돌리시고 나머지는 이웃하고 나눠드세요."

"고맙네, 내가 홍보 많이 할 테니 걱정 붙들어 매. 애들 엄마 친구가 부녀회장 아닌가. 나만 믿으라고."

신뢰란 가장 큰 장사꾼이다. 낯선 사람이 공짜 선물을 주면 경계의 눈초리로 쳐다본다. 그러나 잘 아는 사이라면 공짜는 마음의 선물이 된다. 품질 하나만을 믿고 세상이 왜 나를 몰라주느냐 원망했던 마음을 반성하며, 세상일은 절대로 녹록치 않음을 깨달았다. 집안 형님이 그간 동네에서 쌓은 신뢰는 우리에게 큰 힘이 되었다.

다행히 형님의 도움으로 부녀회와 연결되어 직거래 기회를 잡았다. 직거래를 하게 되면 주민들은 저렴한 가격에 신선한 채소를 구매할 수 있고, 나 역시 유통마진 없이 납품할 수 있으니 모두에게 이익이었다. 관계를 맺는 일의 중요성도 깨달은 터였다. 매출액의 일부를 떼어 기부금 명목으로 수수료를 드렸더니 부녀회 입장에서도 마다할 이유가 없었다.

인맥의 힘은 상상 이상이었다. 부녀회장이 다른 아파트의 부녀회를 소개시켜주면서 우리 채소를 홍보할 기회가 생겼다. 수차례 직거래를 성공리에 마치자 점차 자신감이 생겼다.

그 뒤부터는 기존 직거래의 실적을 토대로 직접 아파트 부녀회를 찾아다녔다. 실적은 인맥만큼 중요한 평가 기준의 하나였기에 이제는 낯선 곳도 혼자서 다닐 수 있었다. 그렇게 서울에서도 중상류층이 산다는 개나리아파트, 진달래아파트, 우성아파트 등을 돌며 부녀회장을 만났다. 물론 무작정 파는 게 아니라 한번 드셔보라고 시식용 상추를 드렸다. 그러면 며칠 뒤 전화가 온다.

"저번에 주시고 간 쌈 채소요. 정말 맛있데요. 애들도 좋아하고. 우리 아파트 주민들을 대상으로 직접 팔아보시면 어때요?"

점차 직거래가 확대되면서 아파트 주민 사이에서 맛있고 몸에 좋은 채소로 인정받기 시작했다.

이때의 기분을 어디에 비교할 수 있을까? 주머니가 두둑해져 간다는 그 느낌 때문만은 아니다. 아직은 장사라고 할 것도 없었기 때문이다. 그러나 '정말 맛있어요.' 하는 그 한마디 말에 그동안의 노고에 대한 보상을 받는 것 같아 정말 즐거웠다. 그때의 기분만 떠올리면 지금도 불가능한 일은 없을 것처럼 자신감이 충만해진다.

지역을 확대했다. 하남, 경기 광주, 이천, 광명 철산지구, 안양 시흥지구 등 아파트 단지가 들어선 곳이라면 어디든 뛰어다녔다. 동시에 지자체에서 주관하는 전국 직거래 시장, 대기업 사원 아파트, 교회까지 쌈 채소를 싣고 전국을 누볐다.

한번은 단골 고객 한 분이 아이디어를 냈다.

"아저씨, 요즘 보니까 아파트 단위로 알뜰 시장이 열리던데 거기도 한번 다녀보세요."

아파트 중에는 5일장 비슷하게 단지 내에 장이 서는 곳이 있었다. 그래서 아파트별로 알뜰 시장이 열리는 날을 기록해서 장돌뱅이를 시작했다.

직영매장 1호점을 열다

장안농장 인근 주민들은 일주일에 5일씩 장사를 다니는 나를 이해하지 못했다.

"저놈아가 뭔 생각으로 저러나 몰라."

"그러게. 저렇게 해서 몇 개나 팔겠다고, 쯧쯧."

"아니, 그냥 시장에 납품하면 되지. 저게 무슨 생고생이람. 아직도 정신을 못 차렸구면."

농부들은 수확한 채소를 농수산 공판장이나 중간상인에게 넘겼다. 누군들 그렇게 못 팔아서 이러는 것이 아니었다. 그렇지만 노력에 대한 정당한 대가를 얻기에는 기존 시장으로는 어려웠기 때문에 고육지책으로 택한 길이었다. 물론 채소 키우랴 판로 확보하랴 몸이 열 개라도 부족한 것은 사실이었다.

그러던 중 하루는 아내가 광고 전단지 한 장을 들고 왔다. 충주에 대규모 마트가 생긴다는 소식과 더불어 신규 입점 업체를 모집한다는 내용이었다. 뇌리를 번뜩 스치는 생각.

'내가 직영매장을 운영하면 어떨까?'

할인마트라면 채소코너는 필수일 것이고, 그 기회를 잡아보자는 생각이었다. 기존 마트라면 권리금 때문에 만만치 않은 비용이 들 테지만 신규 오픈하는 마트라면 적은 금액으로도 가능하지 않을까 싶었다. 그 길로 쌈 채소 한 상자를 들고 담당자를 찾아갔다.

"친환경 쌈 채소 매장을 내고 싶습니다."

"다른 마트에 납품 실적이 있습니까?"

"아직은 없습니다. 그렇지만 우리가 입점한다면 절대 실망시키지 않을 자신이 있습니다. 우리 쌈 채소를 1~2번 먹어본 손님이라면 단골손님이 될……"

"실적이 하나도 없단 말입니까? 어떻게 당신을 믿고 매장을 내준다는 말이요? 우리는 아무하고나 거래하는 곳이 아닙니다."

담당자는 납품 이력도 없는 작은 농장에는 절대 매장을 내줄 수 없다고 못을 박았다. 그렇다고 물러설 내가 아니었다. 서울 쌈밥집에 1년 반 동안 공급했던 이력과 정부에서 받은 친환경 인증을 꺼내서 담당자를 설득했다. 처음에는 부정적이던 담당자도 여러 쌈밥집을 통해 장안농장을 조사하더니 마음이 흔들리는 모양이었다.

약속한 두 달이 되기 전에 목표 매출액의 150%를 달성했다!

내가 결의를 보일 때였다.

"딱 두 달만 기회를 주십시오. 그 안에 목표했던 매출을 달성치 못하면 그때는 제 발로 철수하겠습니다."

"좋습니다. 두 달간 실적이 저조하면 바로 매장을 빼셔야 합니다."

1998년 가을 장안농장의 직영매장 1호점을 처음으로 열었다. 비록 소규모 매장이었지만 내 힘으로 새로운 판로를 뚫었다는 사실만으로 가슴이 벅찼다. 새로운 희망이 보였다. 마트에 상주하면서 판매를 전담할 직원을 채용하고, 아내와 나는 매일 새벽 쌈 채소를 수확한 상추를 싣고 C마트에 공급했다. 우리 쌈 채소를 한두 번 맛보신 분들이 다시 찾으면서 점차 단골이 늘었고, 약속한 두 달이 되기도 전에 목표 매출액의 150%를 달성했다.

담당자의 태도가 달라졌다.

"류 사장님, 이번에 친환경 코너를 확대할까 하는데 어떠신지요?

물론 매장 확대비용은 알아서 할 테니 신경 쓰지 않으셔도 됩니다."

　C마트의 성공을 기반으로 C마트 2호점도 우리에게 돌아왔다. 공급 물량이 늘자 아내와 나는 더욱 바빠졌다. 재배하고 수확하고 포장하고 마트에 배송하는 일까지 우리 내외의 몫이었기 때문에 매일 눈코 뜰 새 없이 바쁜 나날을 보냈다.

　1호점에서 성공할 줄 알았느냐고 묻는다면 답은 '아니다'이다. 실패할 수도 있었다. 그러나 한 가지는 확신하고 있었다. 우리 상품이라면 결코 외면당하지 않으리라는 자신감이었다. 마트 담당자가 꺼렸던 것도 실은 품질이라기보다는 기존 실적이었다. 그래서 두 달만 팔아보겠다고 호언장담할 수 있었고, 이 도박 아닌 도박은 끝내 장안농장의 크나큰 밑거름이 되었다.

chapter 02

채소를 소포로 파는 미친 놈

세상에 어떤 미친놈이 채소를 소포로 팔아요?

농업이 미개척지라는 사실은, 재배 방식뿐 아니라 마케팅이나 유통 과정에서도 확인할 수 있다. 그만큼 기회가 많다는 뜻이기도 하고, 그만큼 후진성을 벗지 못했다는 뜻이기도 하다.

만일 누군가 나보다 앞서 이 길을 개척했던 사람이 있었다면 과연 나는 지금의 장안농장을 만들 수 있었을까? 그 사람의 뒤를 따라 손쉽게 갈 수 있는 길이었다면 나는 이 일에서 살아가는 보람을 느끼며 살았을까? 번번이 새로운 것을 개척할 때마다 왜 농사에는 이렇게 안 된다는 게 많은 것인지 답답할 때도 많았다. 그러나 지금 돌이켜 보면 그렇게 처음 가는 길이었기에 어쩌면 내 적성에 맞지 않았나 싶다.

1차 산업인 농업을 3차 서비스 산업으로 끌어올리기 위한 도전은 숱한 난관에 부딪쳤다. 특히 사람들의 상추에 대한 편견, 즉 상추는 이렇게 재배하는 것이고, 이렇게 파는 것이 당연한 것 아닌가 하는 생각이 늘 내 앞길을 가로막았다. 그때마다 마치 이쪽으로는 갈 수 없으니 사람들이 다니는 저 길로 돌아가라고 길을 막는 억센 팔뚝의 장정들을 마주하는 느낌이었다.

하지만 내게는 다른 방도가 없었다. 그들과 같은 길로 가서는 미래가 보이지 않았다. 그래서 포기하지 않고 우직하게 밀고 갔으니 사람들로부터 미친놈 소리를 들은 것도 어쩌면 당연한 일이었다.

어느 날 우체국에 일이 있어서 차례를 기다리고 있었다. 순서가 되려면 아직 멀었다 싶어 우체국 홍보용 잡지를 뒤적거리는데 '주문판매'라는 단어가 눈길을 끌었다.

1998년도 당시 우체국에서는 기관 우편 망을 통해 전국의 우수 특산품을 소비자에게 직접 배달하는 주문판매 제도를 시행하고 있었다. 내용을 살펴보니 소비자가 우체국 주문판매 카탈로그에 있는 특산물을 주문하면 집에서 편하게 받아볼 수 있는 판매방식이었다. 물론 다른 사람들에게 선물을 보내는 것도 가능했다. 무릎을 쳤다.

'내가 왜 이 생각을 못했지? 쌈 채소 여러 종을 묶어서 선물 세

트로 팔아보자.'

주문판매를 하게 되면 생산자와 소비자가 직접 연결되므로 소비자로선 저렴한 가격에 양질의 제품을 구입할 수 있고, 나로서는 중간 수수료를 떼일 필요가 없으니 이만한 윈윈 전략은 없을 것 같았다. 더구나 입금을 확인한 뒤에 배송을 하는 구조여서 지불을 놓고 실랑이를 벌일 필요도 없었다.

곧 어떤 쌈 채소로 세트를 구성할지, 가격은 어느 정도로 할지 구상하기 시작했다. 사람들이 많이 찾는 상추, 비트, 케일, 적겨자 등을 묶어 1.5kg에 2만 원 정도 매기면 좋겠다고 생각했다.

그런데 사람들은 '안 된다'는 편견으로 내 말을 가로막았다.

"아니, 그게 말이 된다고 생각해요? 어떻게 채소를 소포로 팔아? 가격도 그래요. 아무리 선물 세트라지만 세상에 쌈 채소를 2만 원에 판다고요? 콩나물 천 원어치 살 때도 일단 깎는 게 대한민국 주부들이야. 그걸 누가 사겠어요?"

아내는 당치 않은 말은 꺼내지도 말라며 고개를 저었다.

직원들 역시 황당하다는 표정이었다. 그러면서 왜 안 되는지 그 이유를 수없이 늘어놓았다.

"상추는 생물이라 신선도가 생명입니다."

"택배비를 제하고 나면 남는 게 없습니다."

"일정한 판매를 기대하기 어렵습니다."

"택배 마감 시간이 우리와 안 맞습니다."

"연중 공급이 어렵습니다."

결론은 너무 무모한 짓이요, 바보 같은 생각이니 꿈도 꾸지 말라는 것이었다. 듣고 있자니 부아가 치민다. 이런 소리를 들으려고 직원을 뽑았던 것인가, 괘씸한 생각조차 들었다.

그러나 나마저도 비관적인 생각에 젖을 필요는 없었다. 긍정적으로 바라보자. 그래, 아내와 직원들이 지적한 그 문제를 해결하지 못하면 우체국 주문판매는 한낱 꿈에 불과하지 않겠나. 이렇게 내 아이디어의 허점이 드러나고 보면 우리가 어디서부터 이 꼬인 실타래를 풀어야 하는지 알 수 있지 않은가?

신선도 유지를 위해 새로운 비닐봉투 개발에 착수하다
뭐니 뭐니 해도 쌈 채소의 생명은 신선도이다. 소비자가 택배를 풀어보았는데 채소가 시들시들하다면 과연 두 번 다시 주문하려고 하겠는가?

소포 판매 과정은 쌈밥집 공급 과정과 차원이 달랐다. 쌈밥집이야 저녁에 수확하여 새벽에 배달하면 끝이지만 소포 판매는 과정이 복잡했다.

우선 우체국 직원이 농장에 와서 주문 물량을 수거하여 우체국으로 집결한다. 그런 뒤에 다시 지역별로 분류를 마쳐야 배송이 시작된다. 이렇게 우체국에서 수거하여 소비자의 식탁에 오르기까지 최소한 이틀은 걸리는 셈이었다. 그렇다고 내가 직접 배송을 하거나 우체국의 운송 시스템을 바꿀 수는 없는 노릇이었다. 색다른 방법을 찾아야 했다.

일단 수확한 쌈 채소를 종류별로 비닐봉투에 담고 신선도가 어느 정도 유지되는지 지켜보기로 했다. 그런데 하루가 지나기도 전에 봉투 안이 습기로 가득 차더니 이파리가 축 쳐지고 말았다.

왜 습기가 차는 것일까? 그 원인을 찾아보니, 채소의 수분이 문제였다. 채소는 수확과 동시에 특유의 수분이 발생한다. 이런 채소를 비닐봉투에 담으면 수분이 빠져나가지 못해 비닐봉투 내부에 습기가 차게 되고 이 습기가 다시 채소의 신선도를 떨어뜨리는 것이었다.

그렇다고 채소 수분의 증발을 막을 수는 없는 법. 그렇다면 비닐봉투를 대체할 수 있는 특수 봉투가 필요했다.

그 길로 비닐봉투를 만드는 회사에 자문을 구했다. 연구팀이 조직되었다. 그쪽 연구 직원과 우리 직원들이 비닐봉투의 재질, 두께 등을 조절하는 등 새로운 봉투를 만들기 위해 머리를 맞대고 두 달 넘도록 실험에 매달렸다. 그러나 결과는 신통치 않았다. 비닐봉투 회사에서도 이제 그만 포기하자는 이야기가 흘러나왔다.

그런 와중에 우리 직원 중 한 명이 이런 말을 던졌다.

"맥반석이나 옥을 한번 넣어보면 어떨까요?"

그러고 보니 맥반석이나 옥 성분은 채소의 선도를 오래 지속시키는 효과가 있기는 했다. 혹시나 하는 마음으로 맥반석과 옥 성분의 혼합물을 비닐봉투 재질에 넣었다. 정말 신기한 일이었다. 하루도 안 돼서 축 늘어지던 쌈 채소가 여러 날이 지나도록 오늘 딴 것처럼 신선했다. 이 뜻밖의 결과에 그간 고개를 절레절레 젓던 직원들도 기대를 갖게 되었다.

쌈 채소 선물 세트에 어울리는 포장은?

특수 비닐봉투 제작에 성공하자 포장 상자 제작에 돌입했다. 명색이 선물 세트인데 흔해빠진 상자에 담을 수는 없지 않은가.

'최고의 상추라면 상자도 최고여야 하지. 요새 소비자들이 어떤 사람들인데.'

선물용 상자 제작업체를 수소문해서 크기, 무게, 디자인, 재질 등을 함께 연구하고 고민했다.

그때까지만 해도 채소는 주변에 남아도는 라면상자, 사과상자 같은 부피 큰 상자에 대충 담아서 파는 일이 비일비재했다. 관건은 차별화였다. 이런 평범한 상자들과 다르게 보이려면 일단 크기부터 작아야 했다. 그래서 가로 40cm, 세로 30cm로 크기를 제한하고 상자 위쪽에 손잡이를 달았다. 짐이 아니라 선물이라는 느낌을 주기 위해서였다. 점차 선물 상자다운 모습이 갖춰져 갔다. 그런데 가만히 보니 상자가 사방으로 꽉 막혀있는 게 여간 답답해 보이지 않았다.

"그러지 말고, 한 쪽 면을 뚫어보면 어떨까요?"

"구멍을 뚫자고요? 안 됩니다. 구멍을 뚫으면 야채가 상할지도 모르잖아요."

"우리나라 사람들은 일단 눈으로 확인하는 게 습관이잖아요. 눈으로 봐야 믿는다니까. 방법을 찾아봅시다."

그래서 찾아낸 아이디어가 투명한 비닐 창이었다. 상자 벽면을 비닐로 만들면 채소가 상할 일도 없고 밖에서도 내용물을 확인할 수 있으니 그야말로 일석이조였다. 그 뒤로도 세세한 과정에서 수정을 거듭하며 점차 포장 상자가 완성되어 갔다.

브로콜리로 장구 치고, 당근으로 피리 불고

이제 남은 것은 포장 상자의 화룡점정, 즉 포장 디자인이었다. 이 역시 수차례 시행착오를 거쳤다. 처음에는 하얀 색 바탕에 쌈 채소 몇 가지를 그려 넣었는데 촌스러운 것이 영 마음에 들지 않았다. 이렇게 단순한 그림으로는 안 될 것 같았다. 온 가족이 쌈 채소를 즐기고 있는 모습을 담은 근사한 디자인이 어디 없을까?

디자인은 한 번 정해지면 그것으로 끝이라는 생각에 서울대학교 미대에 다니는 학생에게 디자인을 맡겼다. 얼마 후 디자인 시안이 도착했다. 김홍도의 풍속화 가운데 '무동(춤추는 아이)'이라는 작품에서 아이디어를 얻은 것으로, 정감어린 디자인이었다. 김홍도의 원화에서는 여럿이 빙 둘러앉아 북, 장구, 향피리, 대금, 해금을 연주하며 흥을 돋우는 가운데 한 아이가 신명나게 춤을 추는 모습이 담겨 있다.

디자인을 맡았던 미대생은 이를 본떠 브로콜리로 장구를 치고, 당근으로 피리를 불고, 근대 잎으로 북을 두드리는 모습을 담았다. 한쪽에는 고추를 물고 있는 여인도 있었고, 신선초 잎을 물고 있는 아이도 그려져 있었다. 김홍도 부럽지 않은 근사한 디자인이었다.

상자의 크기, 모양, 재질, 디자인을 수십 차례 수정한 끝에 하나의 선물 상자가 탄생했다. 내 눈에는 참으로 멋있었다. 그래도 혹시나 하는 마음에 사람들에게 보여주었더니 반응이 기대 이상이었다.

"이게 정말 채소 상자가 맞아요?"

"와, 채소를 여기에 담는다고 생각하니 완전 비싸 보이는데요."

"너무 예뻐서 버리기가 아까워요. 잘 보관했다가 선물할 때 써야겠어요."

난색을 표하는 우체국

그렇게 하나씩 준비를 마치는 동안 마지막 절차로 중앙우체국에 주문판매 등록 신청을 했다.

그런데 아뿔싸! 너무 쉽게 생각했나. 판매 업체 선정에서 탈락하고 말았다. 그 이유가 무엇인지 따졌더니 돌아오는 답변이, 채소를 택배(소포)로 판매해 본 적이 한 번도 없기 때문이란다. 내가 어떻게 준비했는지 알고나 하는 소리인가. 아내와 직원들의 반대를 무릅쓰고, 다들 고개를 절레절레 흔드는 것도 못 본 척하고 주문판매 하나만 보고 몇날 며칠 밤을 샜는데.

오늘을 위해 6개월 동안 들인 노력과 비용이 얼마인데 이제 와서 탈락이라니 너무 기가 찼다. 직원들 얼굴을 어떻게 봐야 할지 앞이 막막했다.

"아니, 지금 그걸 이유라고 말하는 겁니까? 선례가 없으면 만들면 되잖아요. 처음 주문판매할 때 다른 상품도 다 처음이었잖소. 정말 해도 해도 너무들 하네. 당신네들이 아무리 통사정을 해도 절대 당신들과는 거래하지 않을 거요."

선례가 없다니. 그렇다면 만들면 되지 않나. 너무 어이가 없고 화가 났다. 그렇다고 포기할 내가 아니었다. 서울이 아니어도 상관없었다. 부산, 대구, 광주 등 여러 우체국을 수소문했다. 다행히 대전 우체국에서 함께 해보자는 연락이 왔다.

그렇게 6개월 동안 숱한 어려움을 하나씩 풀어가며 판매 준비를 모두 마쳤다.

이때의 기억이 아직도 생생하다. 비 온 뒤에 땅이 굳는다고 했던가. 만일 비가 내리지 않았더라면 나에게 집념이 생기지 않았을지 모른다. 내 뜻대로 쉽게 판매 업체로 선정되고, 내 뜻대로 직원들이 착착 움직여서 상품을 만들었다면 나는 매사 쉽게 생각하고, 쉽게 되리라고 여겼을지 모른다.

그러나 그때마다 나를 가로막았던 이 현실 덕에 나는 '안 된다'는 생각에 대한 거부감을 키웠으며 '선례가 없으면 만들면 되지'라는 생각을 가슴 깊이 새기게 되었다. 우체국 주문판매 자체가 처음이기도 하려니와 그때 얻은 교훈 덕분에 이후로 장안농장이 하는 모든 일은 대한민국 최초가 되었다.

우여곡절을 겪으며 시작한 주문판매였던지라 첫 주문을 받기까지 참 조마조마했다.

'과연 누가 주문을 할까.'

'글쎄, 채소를 소포로 주문하는 경우가 처음이라서.'

다들 반신반의였다. 그런 가운데 모두의 예상을 깨고 첫 주문이

들어왔다. 어찌나 가슴 벅차던지 눈물이 날 지경이었다.

 마수걸이 이상으로 의미가 깊은 첫 주문이었다. 그래서 제일 싱싱한 쌈 채소를 수확하여 정성스럽게 포장했다. 여기에 덤으로 브로콜리와 양배추, 애호박도 함께 보냈다. 다른 쌈 채소들보다 가격은 비쌌지만 믿음 하나로 주문해준 그분이 너무 고마워서 감사하다는 편지도 써서 동봉했다. 다음 날 주문 고객으로부터 전화가 왔다.

 "사실 채소를 주문해서 먹는다는 게 좀 불안했어요. 싱싱하지 않을 것 같아서 말이에요. 그런데 오늘 물건 받고 보니 괜한 걱정했다 싶어요. 박스 디자인도 정감이 넘치는 게 너무 좋고 채소가 종류별로 포장되어서 보관하기도 너무 편해요."

 전화 말미에 앞으로 홍보도 많이 해주겠다고 말씀하시는데 정말 너무 고마워서 몸 둘 바를 몰랐다. 그 전화 한 통으로 그동안 힘들었던 순간들이 모두 보상받는 듯했다.

 물론 초기에는 주문이 거의 없었다. 그러나 점차 고객 사이에서 입소문이 난 모양이었다. 일주일에 5건 정도에 그쳤던 주문이 하루에 10건으로 늘어나면서 점차 매출이 올랐다. 우체국 주문판매와 택배판매를 시작한 첫해 약 5천만 원의 매출을 올렸다.

chapter 03

대한민국
최초 유기농 쇼핑몰

미친놈, 이제는 인터넷도 기웃대네

우체국 주문판매는, 입소문이 나면서 고객이 늘고 있었지만 수익은 크게 남지 않았다. 비닐하우스 시설비, 각종 자재비, 포장비, 인건비 등을 제하면 손에 쥐는 것은 별로 없었다. 무작정 주문만 기다리기는 어려웠다. 더 다양한 루트를 통해 많은 고객과 만나고 싶었다.

어디 좋은 방법이 없을까 고민하던 차에 서점에 들렀다. 이런저런 책을 뒤적거리고 있자니 앨빈 토플러의 『제3의 물결』이 눈에 띄었다. 그즈음 화제를 뿌리는 책이기도 했다. 그동안 쌈 채소 재배에만 몰두했던 탓일까, 책에 나오는 내용이 낯설고 충격적이었다.

앨빈 토플러는 제1물결인 농업사회, 제2물결인 산업사회를 거쳐 이제 제3의 물결인 정보화 사회가 도래할 것이라 예측했다. 특히 정보화시대에는 인터넷의 발전으로 대리점이나 영업사원을 통한 기존의 유통단계가 축소되고, 모든 생필품의 6할이 인터넷상에서 거래될 뿐 아니라 소비자의 힘이 강력해질 것이라고 내다봤다.

잠깐 하나만 짚고 넘어가자. 지금으로 보면 인터넷은 당연한 사회 현상이지만 당시만 해도 나처럼 농사짓는 사람에게는 저 멀리 바다 건너에서 벌어지는 일인 줄만 알았다. 당연히 피부로 느끼기 힘들고, 그래서 반신반의하며 '설마, 우리가 살아 있는 시절에 인터넷 세상이 오겠어?' 하고 무심결에 넘기는 사람이 많았다. 그러나 괜히 미래학 권위자가 아니다. 이런 좋은 책을 만났을 때 우리는 과감히 기존의 생각들을 버려야 한다.

요즘에 뜨는 '녹색성장'도 마찬가지. 화석 에너지의 고갈을 대비하여 대체 에너지를 찾자는 생각에서 시작된 발상인데 이는 단지 그 분야의 종사자에게만 관련된 일이 아니다. 같은 시절을 살아가는 우리 역시 녹색성장이 생활 전반에 미칠 영향력을 미리 분석하여 대처해야 한다.

멸종 위기에 빠진 동물을 DNA 기술로 되살리겠다는 생명과학의 눈부신 발전이나 손 안의 컴퓨터로 변모하고 있는 휴대폰 기술의 엄청난 도약 앞에서 우리는 무언가를 느껴야 한다. 지금처럼 시대가 급변하는 시절도 없지만, 그만큼 귀를 열지 않으면 도태되기 딱 좋은 시절도 없다.

'아, 이제 시대가 바뀌는구나. 온라인 시장이 앞으로 엄청 커지겠는걸. 조만간 농산물도 인터넷으로 판매되는 시대가 오겠어.'

한 시대는 저물고 새로운 시대가 찾아온다. 그렇다면 나는 정보화 사회를 맞이하여 어떻게 쌈 채소를 팔아야 할까.

당시에도 책이나 옷 따위는 인터넷을 통해 거래되고 있었다. 그러나 농산물은 그 이미지답게 절대 인터넷으로 팔아서는 안 되는 품목쯤으로 치부되던 것도 사실이다. 채소를 소포로 파는 것조차 불가능하다고 여기는 마당에 인터넷은 말해서 무엇 하랴?

하지만 나에게는 우체국 주문판매의 경험이 있었다. 판로의 다변화를 가능토록 만든 그 경험 때문에 한 단계 더 나아가 인터넷으로 팔아도 충분히 승산이 있으리라 여겼다.

인터넷은 나에게 신천지였다. 이 구태의연한 농업에 신선한 바람을 몰고 올 희망찬 내일로 보였다.

집에 돌아오는 길로 그동안 구석에 처박아두었던 중고 컴퓨터를 꺼냈다. 몇 달 전 친구가 보내준 것이었는데 농사일이 너무 바빠서 전원조차 켜볼 엄두도 못 내고 있었다. 먼지만 뿌옇게 쌓여 있었다.

당시 충주 작은 시골 농장에서 인터넷에 접속하기란 여간 힘든 일이 아니었다. 지금처럼 초고속 인터넷이 있는 것도 아니고, 고작 전화선으로 하이텔이나 천리안에 접속해야 했는데 이마저 중간에 자꾸 끊겼다. 여기 저기 수소문했더니 위성수신안테나를 달아야 한다고 했다. 농장 주변에 큼지막한 위성수신안테나를 달자 동네 사람들이 수군거렸다.

"별 미친놈을 다 보겠네."

위성수신안테나로도 속도만큼은 높일 수 없었지만 새로운 세상을 본다는 생각에 그 정도는 참을 수 있었다.

그날부터는 아무리 바빠도 하루에 30분 이상씩 인터넷에 접속했다. 주로 대형 쇼핑몰을 둘러보면서 어떤 방법으로 물건을 판매하는지, 고객의 반응은 어떤지, 불만 고객에게는 어떻게 대응하는지 계속 관찰했다.

옥션 천 원 경매에 참여하다

그러던 어느 날 국내 유명쇼핑몰 옥션에서 천 원 경매에 참여할 딜러를 모집한다며 공고를 냈다. 그렇지 않아도 인터넷 판매를 하려면 어떻게 해야 하는지 고민하던 차였다. 경험을 쌓기에는 이보다 좋은 일도 없을 것 같았다.

딜러가 되는 일은 컴맹인 나로서는 쉬운 일이 아니었다. 참여 신청을 냈더니 교육을 이수하라고 했다. 삼성동 코엑스에서 열리는 4주간의 교육에 일주일에 2번씩 참석해야 했다. 쇼핑몰에서 구축한 시스템에 접속하여 상품을 등록하는 방법부터 배송 과정, 고객관리, 정산관리, 안전관리 등 배울 게 한두 가지가 아니었다.

강사의 말은 모두 외국어처럼 들렸다. 용어 자체가 생소하여 아무리 정신 차리고 들어도 돌아서면 잊어버리기 일쑤였다. 우리 동네에 컴퓨터 도사가 사는 것도 아니어서 교육받은 내용이 이해되지 않을 때마다 답답해서 혼이 났다. 하는 수 없이 쇼핑몰 관련 서적을 주문하여 관련 용어를 하나둘 익혀갔다. 그렇게 4주간의 판매 교육을 이수하고 쇼핑몰에 판매자 등록을 마친 후 천 원 경매에 본격적으로 들어갔다.

"여보, 택배비가 4천 원인데 천 원에 낙찰을 시킨다고요? 팔아봐야 손해 날 게 뻔한데 그걸 꼭 할 필요가 있어요?"

"당신 말이 하나도 틀린 게 없구려. 그렇지만 일단 사람들로부터 인정을 받아야 주문도 늘지 않겠어. 눈으로 보고 입으로 먹어보지 않으면 누가 우리 상추를 알아주겠어."

비록 손해 보는 거래였지만 우리 쌈 채소를 맛본 사람들은 다시 찾으리라는 확신이 있었기에 가능한 도전이었다.

드디어 쌈 채소 천 원 경매가 시작되었다.

쇼핑몰 회원들도 인터넷 채소 판매가 신기했던 모양이다. 한두 사람 관심을 보이기 시작하더니 몇몇이 재미삼아 주문을 했다. 주문이 떨어지면 우체국 주문판매의 노하우를 살려 재빠르게 배송했다.

인터넷 판매의 특징은 피드백이다. 반응이 곧장 접수되므로 소비자의 만족 수준을 금세 알 수 있었다. 고객들이 게시판에 남기는 구매 후기를 읽고 가슴이 뿌듯했다.

"쌈 채소가 너무 싱싱해서 놀랐어요. 양도 엄청 푸짐합니다."

"이거 정말 천 원 맞습니까? 기대 이상입니다. 또 주문합니다."

"별 기대 없이 재미로 기대했는데 완전 감동입니다."

구매 후기가 이어지자 회원 사이에서 입소문이 퍼져나갔고, 준비한 쌈 채소 물량이 일주일 만에 동이 났다. 물론 이익은 없는 장사였지만 온라인으로 쌈 채소를 팔아도 충분히 가능하겠다는 확신을 얻었으니 이것으로 충분했다.

쌈앤허브닷컴(www.ssamnhub.com)을 개설하다

인터넷 판매의 또 다른 특징은 소비자 불만에 즉각 대응키 어렵다는 점이다.

대형마트나 재래시장에서 채소를 팔면 고객의 반응에 신속하게 대처할 수 있다. 맛이 없다고 불평하는 고객에게는 '죄송합니다. 그럼 이거 한번 드셔보세요.' 하고 신뢰를 회복할 수 있는 여지가 있다. 그러나 인터넷 판매는 냉정한 시장이다. 피드백을 남긴 고객만 그 반응을 알 수 있을 뿐, 대개는 맛이 없다는 표정조차 살피기 어렵다. 맛이 없으면 더 이상 찾지 않는다.

이런 환경 때문에 고객을 관리하려면 항상 최상의 품질을 유지해야 한다. 이러니 누가 인터넷으로 팔려고 하겠는가. 영세한 농가로서는 감히 엄두도 못 낼 일이다.

그러나 나는 이런 환경이 좋았다.

'품질과 서비스를 갖추고, 여기에 정직함으로 승부한다면 누구도 나를 따라올 수 없을 거야.'

우체국 택배판매를 통해 품질에 대한 자신감은 배가된 터였다. 충분히 승산이 있는 게임이었다.

하루는 서울에 볼 일이 있어 올라왔다가 한국전력 본사 근처를 들르게 되었다. 차를 주차시키고 나오려는데 '홈페이지 제작해 드립니다.'라는 큼직한 현수막이 눈에 띄었다. 1999년도에는 홈페이지 제작자도 많지 않았지만 더더구나 충주에서는 찾기 어려운 문구였다.

현수막을 보자마자 무작정 사무실을 찾아갔다. 사장을 만나고 싶다고 했더니 웬 젊은이가 뚜벅뚜벅 걸어 나왔다. 머리 희끗희끗한 사장을 기대했는데 이 20대 중반의 젊은 청년이 자신을 사장이라고 소개했다.

'정말 시대가 바뀌고 있구나. 졸음운전을 하면서 상추 싣고 다녀도 한 상자 팔기가 이렇게 힘든데 이 친구는 나에 비하면 정말 편하게도 돈을 버는구나. 앞으로 인터넷 관련 사업이 크긴 클 모양이다.'

온라인 시장의 가능성을 다시 한 번 확인하는 순간이었다. 한동안 벌어진 입을 다물지 못하다가 방문한 연유를 밝혔다.

"자, 쌈 채소를 팔 수 있는 쇼핑몰을 만들고 싶소이다."

"글쎄요, 저는 농산물 쇼핑몰은 만들어본 적이 없는데요."

젊은 사장이 난색을 표한다.

"그럼, 이번 한 번만 특별히 만들어보는 건 어떤가? 나는 이게 꼭 필요하네."

망설이는 젊은 사장에게 거금 300만 원을 지불키로 하고 쇼핑몰 작업에 돌입했다.

그로부터 3개월 후 1999년 11월 장안농장의 쇼핑몰이 태어났다.

당시 만들어진 이 쇼핑몰은 농부가 만든 대한민국 최초의 친환경 쇼핑몰이었다.

장안농장 친환경쇼핑몰을 열고나자 눈코 뜰 새 없이 바빠졌다. 무엇보다 홍보가 시급했다. 각종 검색사이트를 다니며 장안농장 쇼핑몰을 링크하고 인터넷 동호회에 가입하여 농장 홍보에 열을 올렸다. 텔레비전이나 라디오 방송프로그램에 경품을 제공하고, 각종 동호회 모임에 협찬을 하는 등 다양한 루트를 동원해 홍보전을 펼쳤다.

더불어 쇼핑몰 자체에도 색다른 콘텐츠가 필요하다고 여겼다. 그래서 생각한 것이 귀농일기. 우리 농장의 모습을 생생하게 중계하면 소비자 신뢰를 높일 수 있으리라 생각했다.

옥션 중고 시장을 통해 당시에 가장 인기를 끌던 최신식 120만 화소 디지털카메라를 40만 원에 구입했다. 지금이야 카메라가 작고 아담하게 출시되지만 당시에는 크기도 클 뿐 아니라 무겁기도 되게 무거웠다. 그런 카메라를 항시 끼고 다니면서 쌈 채소가 어떻게 자라는지, 퇴비는 어떻게 만드는지, 농장에서 지금 어떤 작업을 하고 있는지 농사짓는 전 과정을 찍어서 홈페이지에 올리고 일기도 썼다.

회를 거듭할수록 귀농일기 고정 팬이 하나둘 늘더니 나중에는 신문에 '손수 농사짓고 쇼핑몰도 운영하는 농부'로 소개되기도 했다. 물론 쌈 채소 주문도 서서히 늘었다.

쇼핑몰 운영의 첫 번째 원칙 '품질 저하를 막아라'

겨우내 쇼핑몰 준비를 마치고 2000년부터 본격적인 판매를 개시했다. 인터넷 쇼핑몰을 개설한 이후 나의 생활에도 조금씩 변화가 찾아왔다. 예전에는 새벽 5시 반에 기상하여 농장으로 직행했지만 이제는 쇼핑몰에 접속하는 것으로 하루를 열었다. 홈페이지에 주문이 접수되면 마음이 바빠졌다.

인터넷 쇼핑몰의 상품은 일반용과 선물용 2가지로 구성했다.

선물용의 경우 우체국 주문 판매 노하우를 살린 것으로 2만 원짜리와 5만 원짜리로 구분했다. 일반용은 소비자가 원하는 채소를 하나씩 선택할 수 있도록 했는데 선택한 상품이 15,000원이 넘으면 무료로 배송했다.

쇼핑몰 운영에서 가장 중시한 것은 '품질 관리'였다. 2000년도에는 아이스 팩이란 게 없었고, 스티로폼 상자 역시 보편화되지 않아서 신선도 유지가 쉽지 않았다.

그래서 일단 수확을 마치면 바로 포장하는 것이 아니라 예비냉장 과정을 거치게 했다. 채소는 살아있는 생명체이므로 수확 후에도 생리작용이 계속된다. 따라서 시간이 경과될수록 품질에 변화가 생긴다. 이러한 품질 저하를 늦추기 위해서 0~3℃에서 예비냉장을 하는 것이다. 또 예비냉장 후에는 신문지로 싸고 비닐에 한 번 더 포장하여 최대한 신선도를 관리했다.

여름에는 이런 방법이 소용없었다. 한여름에도 우체국 택배기사는 어김없이 오후 4시에 물건을 싣고 간다. 이 무렵 낮 4시는 매우 무더운 시간이었다. 아무리 예냉을 하고 포장을 잘 해도 뜨거운 열기에 노출되면 30분 만에 시들어버리는 게 채소였다.

어떻게 하면 신선한 상태를 유지할 수 있을까 고민하다 택배 기사에 맡기지 말고 내가 직접 우체국까지 날라야겠다고 생각했다. 열기에 노출되는 시간을 최대한 줄이겠다는 생각이었다. 그렇게 5시 30분까지 우체국에 싣고 간 뒤에는 담당자에게 부탁하여 그늘에 보관하도록 했다. 그러면 밤새 택배는 전국으로 이동하고, 다음 날 오전에 소비자가 받아볼 수 있었다.

주문부터 도착까지 이틀이 걸리는 것은 똑같지만 우체국 도착 시간을 최대한 늦추었기 때문에 실제 배송 시간은 15시간 이내로 단축시킬 수 있었다. 교통이 불편한 산간지방을 제외하고는 전체 주문의 90% 이상을 이렇게 배송했더니 고객 만족도가 높아졌다. 시장에서 구입한 것보다 싱싱하다는 분, 빛깔부터 다르다는 분, 너무 푸짐한 양에 감동했다는 분도 계셨다.

특히나 고객들은 장안농장 채소가 오랫동안 싱싱하다는 말씀을 자주 하신다. 물론 유통 절차를 단축시킨 것도 한 가지 요인이지만 실은 이것이 바로 유기농의 힘이었다.

농약과 비료로 키운 채소는 아무리 신선해도 10일을 넘기지 못하지만, 유기농으로 키운 채소는 김치냉장고에 보관하면 한 달은 너끈히 간다. 마찬가지로 유기농 배추로 김치를 담그면 그 맛과 싱싱함이 일반 배추보다 두 배 오래간다. 왜 이런 차이가 생길까?

일반 농작물은 화학비료에서 영양분을 공급받고 농약으로 보호를 받는다. 그 결과 키만 크고 기초체력이 약한 요즘 청소년들처럼 된다. 화학비료를 먹고 자란 식물은 애써 뿌리를 내릴 필요가 없다.

영양소를 충분히 얻기 때문이다. 한마디로 웃자라는 것이다.

웃자란 작물에는 해충이 꼬이기 마련. 그러니 병충해를 예방하기 위해 농약을 쳐야 한다. 이때 채소 표피가 벗겨지기 때문에 신선도가 오래 지속되지 못한다. 더불어 채소 고유의 맛도 사라진다.

반면 유기농 채소는 화학비료나 방부제를 쓰지 않으므로 표피가 잘 보존된다. 그래서 상대적으로 오래 저장해도 싱싱함을 유지한다. 더불어 채소 고유의 맛도 잃지 않는다. 그래서 매운 것은 더 맵고, 단 것은 더 달고, 쓴 것은 더 쓰게 느껴진다.

쇼핑몰 운영의 두 번째 원칙 '서비스, 서비스, 서비스'
홈페이지를 운영하면서 품질만큼 중시한 것이 바로 서비스다. 주문이 접수되면 즉시 배달 예정일을 알려주고 배송 당일에는 미리 전화를 걸어 도착을 알렸다. 그러자 고객들은 인터넷으로 농산물을 파는 것도 신기한데 서비스까지 만점이라며 좋아했다.

간혹 기온의 급상승이나 배송 실수로 채소가 시들면 새로운 채소로 교환해주고, 만약 고객이 환불을 요구한다면 흔쾌히 요구에 응했다. 이렇게 고객의 불만족을 해소한 덕분에 자칫 놓칠 뻔했던 고객의 마음을 돌려놓기도 했다.

고객의 호응에 감사하는 마음을 전하기 위해 수시로 덤 주기 행사를 진행하고, 좋은 글을 올리는 회원에게는 직접 재배한 유기농 밤호박을 선물로 보내드렸다.

그중 호응이 제일 좋았던 것이 '1+1' 행사였다. 상추 한 상자를 구입하면 한 상자는 공짜로 주는 이벤트였다. 그랬더니 고객들로부터 종종 전화가 걸려왔다.

"아파트 노래자랑 때 윗집 아줌마가 선물로 받았다며 어찌나 자랑을 하는지 저도 한번 먹어보려고요. 한 상자만 보내주세요."

"아, 그러셨어요? 그럼 제가 한 상자 가격에 한 상자를 더 드릴 테니까, 한 상자는 자랑하고 싶은 분께 선물하세요. 콩 한쪽도 나눠야 이웃 아니겠습니까?"

"어머 정말이요? 너무 감사합니다. 제가 홍보 많이 해드릴게요."

어떤 때는 한 상자를 더 보내면서 쪽지를 넣어드렸다.

'고객님, 미운 시누이 말고 이쁜 시누이와 함께 드세요.'

'마루에서 쿵쿵 뛰는 아이 때문에 아래층과 사이가 안 좋으신가요? 그럼, 한 상자는 아래층이랑 나눠드세요.'

'요즘 고객님을 힘들게 하는 분이 있으세요? 싫은 소리하는 분과 한 상자 나눠드세요.'

한 상자를 덤으로 드린다고 큰돈이 들어가는 일도 아니었다. 택배 상자를 보낼 때 테이프 한 번 더 감으면 끝나는 일이어서 택배비 부담도 크지 않았다. 이렇게 작은 노고였음에도 불구하고 고객들의 폭발적인 반응을 볼 때마다 가슴이 뿌듯했다.

우리 쌈 채소를 받아 본 고객들은 2번 감동한다는 말이 나올 정도였다. 쌈 채소의 싱싱함과 맛과 푸짐한 양에 감동하고, 함께 넣어 준 메모에 또 한 번 감동하는 것이다. 1을 투자하고도 10 이상의 효과를 거둔 셈이었다.

그렇게 1998년 우체국 주문판매와 2000년 시작한 인터넷 쇼핑몰은 새로운 판로로 자리를 잡아갔고, 고객들의 높은 호응 덕분에 농림부의 계열단체인 농림정보문화센터에서 수여하는 뜻밖의 상을 두 차례에 걸쳐 수상하기도 했다.

chapter 04

내가 이루고자 하면
먼저 상대가 이루게 하라

횡행하는 뒷거래 관행

인터넷 쇼핑몰 초기에는 매출이 생각만큼 크지 않았다. 온라인 시장의 가능성만큼은 믿어 의심치 않았지만 채소를 택배로 사먹는 일이 낯설었던 탓에 장기적인 안목으로 접근할 필요가 있었다. 그렇다고 그날이 오기만을 학수고대할 수 없었다. 무엇보다 안정적인 수입을 기대하려면 고정 판매처가 필요했다.

물론 중간 납품업자와 도매시장을 통해서 판매하는 방식도 있었다. 그러나 유통마진이 부담스러웠다. 농민이 못 사는 이유는 농사를 못 짓기 때문이 아니다. 아무리 작물이 훌륭해도 유통의 벽에 가로막혀 제값을 받지 못하는 구조 문제가 컸다. 그러나 대형마트는 안정적인 판로와 수익을 모두 만족시킬 수 있는 판로였다. 자연스럽게 시선을 국내 대형마트로 돌렸다.

일단 한 곳이라도 입점하는 게 관건이었다. 어느 곳이든 입점 실적이 있다면 이는 곧 보증수표가 되기 때문에 다른 대형마트 뚫기는 어렵지 않았다. 농업인들에게 대형마트 입점은 마치 평민에서 양반으로 신분이 상승하는 것과 흡사하다. 수많은 업체들이 입점을 꿈꾸며 대형마트의 문을 두드렸다. 나 역시도 그런 꿈을 가지고 있었다.

하루는 유명 대형마트에 과일을 공급하고 계시는 형님을 찾아갔다.

"형님은 판로가 있어서 걱정이 없으시겠네요? 저도 들어가고 싶은데 어떻게 해야 할지 모르겠어요."

"휴, 자네가 내 속을 몰라서 그래. 요즘에는 차라리 속편하게 그만두고 싶어. 이걸 언제까지 계속해야 할지."

"무슨 말씀이세요? 저는 형님이 얼마나 부러운데요."

"모르는 소리 말게. 오라 가라 요구하는 게 얼마나 많은지 모른다네. 툭하면 밥 먹자, 술 마시자 그러질 않나. 내일모레 명절 돌아오면 또 뭘 챙겨줘야 할지."

자세한 말씀은 안 하셨지만 내막은 불 보듯 뻔한 일. 그동안 마트 관계자에게 갖다 바친 게 한두 푼이 아닌 모양이었다.

국내 유수 대형마트의 매출 규모가 어지간한 대기업을 능가하다 보니 실적 없는 업체에게 입점은 하늘의 별 따기. 상품에 따라 차이는 있지만 이름 없는 중소업체는 바이어하고 미팅 한 번 갖기도 어렵다. 지금은 많이 변했지만 2000년대 초반에는 바이어 얼굴 한 번 보는 데 6개월이 걸렸다는 사람도 많았다.

그만큼 입점 경쟁은 치열했고, 사람들은 수단과 방법을 가리지 않았다. 특히 담당 바이어를 구워삶기 위한 뒷돈 찔러주기 경쟁도 만만치 않았다. 술자리를 마련하거나 고가품의 선물을 쥐어주는 것이 하나의 관행처럼 여겨졌다.

그런데 나 같은 사람은 아부도 못 하고, 술이나 노래도 취미가 없고, 뒷돈을 챙겨줄 수 있는 뻔뻔함도 없으니 앞이 막막했던 것이다.

품질 하나로 이마트에 입점하다

'철옹성 같은 그 벽을 어떻게 뚫을 것인가.'

오로지 자신 있는 것은 품질뿐이었다. 술 마시고 접대하고 아부하는 일은 체질에 안 맞았지만 품질만큼은 인정받을 자신이 있었다. 다른 방법은 떠오르지도 않았다.

'쌈 채소를 먹어보면 맛이 다르다는 것을 알 거야.'

그때부터 우리 쌈 야채의 우수성을 알리는 일에 주력하며 전국 대형마트 친환경 채소 담당자들을 찾아다녔다. 물론 보기 좋게 퇴짜를 맞았다. 이름 없는 농장에서 찾아온 나에게 관심을 보이는 곳은 단 한 군데도 없었다. 예상했던 반응이었다.

'당연히 쉽지 않겠지. 처음부터 좋습니다, 해봅시다 하고 누가 쌍수 들고 반기겠어.'

담당자가 바쁘다는 핑계로 만나주지 않을 때면 5분이라도 좋다며 반드시 면담을 했고, 자리에 없으면 '품질 일등 장안 쌈 채소'라는 메모와 함께 샘플을 두고 오기도 했다.

그렇게 일주일에 2번씩 업체별로 시간을 정해두고 계속 찾아갔다. 그러나 거절의 연속이었다. 단 한 명도 만나보자는 사람이 없었다. 태공망의 빈 낚싯대를 떠올리며 묵묵히 기다릴 수밖에 없었다.

3개월이 훌쩍 지났다. 지성이면 감천이라고 했든가. 아무도 거들떠 보지 않던 우리 상추를 인정해주는 회사가 나타났다. 이마트에서 연락이 온 것이다.

일단 보자는 연락을 받긴 했지만 입점까지는 산 너머 산이었다. 이마트에서 마련한 서류심사와 현장평가의 엄격한 규정을 통과해야 했던 것.

서류심사에서는 회사 경영 상태, 상품력, 영업력, 품질인증, 위생기준, 윤리경영 실적 등을 평가했다. 연이어 이마트 바이어가 전문위원을 대동하고 직접 농장을 방문하여 현장평가를 실시했는데 쌈 채소가 어떻게 자라는지, 가공 및 포장은 어떻게 진행되는지, 선도유지와 안정성 검사 과정은 이상이 없는지 재배에서 수확까지의 전 과정을 꼼꼼하게 점검했다.

이마트는 공사 구분 역시 명확했다. 뒷거래 관행을 어찌나 경계하던지 식사시간을 피해서 농장을 방문할 정도였다. 이처럼 철저한 객관성을 가지고 농장을 점검한 끝에 기어이 OK 사인이 떨어졌다.

"좋습니다. 이달부터 친환경 코너에 채소를 납품해보세요."

당시가 2001년이었다. 장안농장은 처음으로 충주 이마트와 거래를 시작했다.

이마트와의 거래는 계약 재배와 납품 2가지 형태로 진행되었다. 평시에는 일정량을 납품하다가 행사 일정이 잡히면 물량이 많이 필요하기 때문에 사전 계약 재배가 이루어진다. 나로서는 시세 변동에 관계없이 안정적인 소득을 기대할 수 있고, 대형 마트는 행사에 필요한 물량을 확보할 수 있을 뿐 아니라 시세 폭등에도 대처할 수 있으니 이만한 윈윈 전략도 없었다.

물론 초기 공급량은 많지 않았다. 하지만 물량이 중요한 것은 아니었다. 우리 쌈 채소를 먹어본 고객이라면 분명 다시 찾을 것이고 그러면 자연히 물량과 함께 매출도 늘 것이라는 확신이 있었다. 생각대로 소비자들의 평가는 좋았다. 다른 농장의 쌈 채소는 품질이 들쑥날쑥했지만 장안농장 쌈 채소는 품질이 한결같았기 때문이다.

장안의 쌈 채소가 맛있다는 소문은 금세 퍼졌고, 단골이 하나둘 늘었다. 그러자 마트에서 우리를 대하는 태도가 달라졌다. 공급 물량이 2~3배로 늘었고, 장안농장의 인지도는 급상승했다.

2002년에는 대전 이마트에서도 납품해 달라고 요청이 들어왔다. 수개월씩 쫓아다녀도 거들떠보지 않던 청주의 다른 마트에서도 주문이 들어왔다. 일이 술술 풀렸다. 그 뒤로는 굳이 사정하고 다니지 않아도 나를 찾을 만큼 인지도가 상승했다. 2006년부터는 서울 및 경기지역 이마트 지점으로 공급을 확대했고, 2012년 현재 전국 이마트에 공급하고 있으며 그 중 67개점은 장안농장 직영으로 운영하고 있다.

대형마트 11년 상생의 비결
'내가 이루고자 하면 먼저 상대를 이루게 하라'

혹자는 말한다.

'어떻게 그렇게 이마트와 오랫동안 거래할 수 있느냐. 혹시 뒷돈을 찔러주는 것 아니냐.'

그러나 나는 한 점 부끄럼 없이 당당하다. 대형마트와 이토록 오랫동안 신뢰를 유지할 수 있었던 것은 항시 대형마트 입장에서 생각하고 먼저 개선책과 아이디어를 냈기 때문이다.

2001년 전국의 숱한 대형마트들이 나를 거들떠보지 않았을 때 이마트는 품질 하나만 보고 나를 선택했다. 다른 입점 업체에서는 명절만 되면 선물을 보내고 술자리도 마련하는 등 뒷거래가 많았다. 하지만 나는 명절에도 선물은커녕 고맙다는 인사도 한마디 하지 않았다. 설사 선물을 들고 찾아가더라도 그들의 기준이 엄격했기에 받아주지도 않았을 것이다. 나를 바라보는 시선이 있는데 어찌 감히 그 믿음을 깨뜨리겠는가.

물론 단순히 쌈 채소만 공급했다면 지금의 관계는 불가능했을 것이다. 소비자가 어떤 제품을 선호하는지, 경쟁마트에 비하여 이마트에 부족한 것이 무엇인지 항시 꼼꼼하게 체크하고 피드백하며 신뢰의 끈을 튼튼히 만들었다. 나아가 변화하는 쌈 채소 시장의 트렌드를 연구하여 한 발 앞서 신상품을 제안하고 부가가치가 높은 아이템을 제안했다.

그중 하나가 브로콜리 바코드와 표준화였다.

당시 브로콜리는 일일이 무게를 잰 뒤 가격표를 인쇄하여 붙이는 방식으로 판매했다. 고객들은 가격표가 출력될 때까지 마냥 기다려야 했다. 이 얼마나 불편한 일인가. 그래서 일반 공산품처럼 포장에 바코드를 찍으면 좋지 않을까 생각하고 마트 측에 제안했다. 이마트에서도 좋은 아이디어라며 방법을 찾아보자고 했고 곧 연구에 돌입하여 브로콜리 바코드를 개발했다. 다행히 소비자들의 만족도가 높았다.

뿐만 아니라 브로콜리를 조각으로 파는 알뜰형 상품 판매도 제안했다. 당시만 해도 브로콜리를 잘라서 판다는 생각은 난센스였다. 그러나 이마트는 내 의견을 무시하지 않고 기회를 주었다. 다행히 브로콜리 알뜰형 상품에 대한 소비자들의 반응이 좋았고, 덕분에 우리 농장에 대한 신뢰감이 점점 커지면서 상생협력의 관계로 발전했다.

물론 이마트에서 아이디어를 내놓으라고 요구하는 것은 아니었다. 그런데 왜 이렇게 설쳤느냐고? 대답은 간단하다. 이마트가 잘돼야 내가 잘 되는 것이지 않은가?

2006년도에는 이마트에 색다른 제안을 했다.

2000년 초반에서 중반으로 넘어가면서 유통업체들의 상황이 눈에 띄게 달라졌다. 유통업에도 경쟁이 시작된 것이다.

경쟁업체들이 빠르게 성장하고 있었기 때문에 품질 낮은 상품을 공급해서는 소비자에게 외면당하기 십상이었다. 생존을 위해서는 시장의 수요와 소비자의 취향을 반영해야 했는데 여전히 많은 유통업체에서는 이런 시대 변화를 따르지 못하고 있었다. 그러니 경쟁에서 우위를 점하는 데 한계가 따를 수밖에 없었다. 이런 단점을 해소하기 위해서는 현장에서 소비자의 목소리를 듣고 곧장 상품에 반영하는 시스템이 필요했다.

그래서 이마트에 새로운 제안을 했다. 납품을 통한 공급에서 그칠 것이 아니라 한 단계 더 나아가 우리 농장에서 판매 요원을 직접 파견하여 매장을 운영하면 어떻겠느냐고 말이다. 2006년 당시에도 쌈 채소 생산 농장이 직영매장으로 입점하는 사례가 드물었다. 그나마 운영되는 직영매장도 대부분은 도매전문 업체 중심이었고, 농장은 생산에만 집중하던 시기였다. 생산만으로도 버거운 농장에서 전담 판매 직원을 뽑아서 인건비를 대고 수수료를 지불하는 것은 여간 부담스런 일이 아니었다.

하지만 내 생각은 좀 달랐다.

1998~99년에 걸쳐 충주의 마트에서 직영매장을 운영하던 경험을 떠올려보면 직영매장은 최종 소비자의 반응을 실시간으로 확인할 수 있는 최적의 방안이었다. 전문 판매원이 상주하기 때문에 소비자의 요구에 즉각 대응할 수 있고 나아가 소비자의 니즈를 상품에 반영할 수 있으므로 매출 상승을 기대할 수 있었다. 즉 직영매장은 대형마트와 우리 농장 모두에게 이익이 되는 방법이라고 판단했다.

그래서 2006년 서울에서 처음 직영매장을 오픈했다. 계획은 잘 들어맞았다.

"샐러드 하려고 양상추를 샀는데 반만 있으면 충분하잖아요. 그래서 반은 남겨뒀는데 글쎄 며칠 사이에 물러져서 다 버렸다니까요."

"맞아, 나도 살 때마다 매번 그래. 먹을 만큼만 살 수 있으면 참 좋을 텐데."

전담 직원이 이런 소비자의 반응을 생산·유통 담당자에게 전달하면 각 부문에서는 이를 해결할 수 있는 방법을 모색했다. 그렇게 출시된 상품이 반 토막 포장 양배추였다. 처음 반 토막 양배추를 공급한다고 했을 때, 경쟁 마트에서는 다들 미쳤다는 반응이었다. 하지만 막상 출시되자 소비자들의 호응으로 이어졌고, 덕분에 매출은 2배 이상 상승했다. 한 통 전부 사서 버리는 일이 줄어드니 자연 찾는 손길이 는 것이다.

혹자는 이마트 말고도 다른 곳을 뚫어보라며 거래처 다변화를 권유하기도 한다.

"류 사장, 그러지 말고 다른 마트에도 들어가 보지 그래?"

"그래, 이렇게 채소 가격이 높을 때는 이마트만 바라보지 말고 다른 곳에도 공급해 봐. 사람이 융통성이 있어야지."

일리가 없는 말은 아니다. 쌈 채소 가격이 폭등하면 이마트보다는 농산물 시장에 넘기는 것이 큰 이윤을 남길 수 있었다. 몇몇 업체에서는 대형마트와 거래하다가도 가격이 폭등하면 기존 거래를 끊고 농산물 시장에 공급하기도 했다.

하지만 나는 거래 관계에서 신의만큼 중요한 것은 없다고 본다. 그래서 몇몇 유통업체에서 이마트보다 좋은 조건을 제시했을 때도 모두 정중하게 거절했다. 초창기 아주 힘든 시절부터 이마트와 쌓아온 신뢰 관계를 저버리고 싶지 않았다. 물론 이마트가 독점 거래를 요구하는 것도 아니고 다른 곳에 공급하지 말라는 법이 있는 것도 아니다. 그러나 나는 이윤을 따르는 장사꾼이 아니라 사람을 남기는 장사꾼이 되고 싶다. 이는 내 자신과의 약속이고 철칙이다.

나의 가치를 알아주는 사람을 위해 목숨 걸고 일한다

사업하는 사람에게 상품은 곧 자신의 목숨과 같다. 그만큼 자부심도 강해야 한다. 아무리 이윤이 적은 상품이더라도 '팔면 그만이지.' 하는 심보로는 결코 큰 장사꾼이 될 수 없다.

당연히 장사꾼은 자기 이름, 즉 신뢰를 팔아야 한다. 소비자가 아무리 꼼꼼하더라도 상품의 속까지 일일이 검사할 수는 없기 때문에 무엇보다 믿음이 중요하다. '그 사람은 자존심이 대단하기 때문에 상품을 허투루 만들지 않을 거야.' 하는 믿음이 생기면 물건은 자연 팔리게 된다.

조선 후기 거상 임상옥이 말하지 않았는가? 장사란 이익을 남기는 것이 아니라 사람을 남기는 것이라고. 이익을 남기는 게 목적이라면 본의 아니게 거짓말도 늘어놓기 마련이다. 그렇게 조금씩 쌓인 거짓말이 나중에는 걷잡을 수 없이 커져 콩으로 메주를 쑨다고 해도 믿지 못하는 것이다. 신뢰로 하는 장사라면 눈앞의 이익은 줄어들지 모르지만 장기적으로는 분명 이익이다.

이런 신념 덕분에 2009년 하반기부터는 유명 패밀리레스토랑 빕스(VIPS)와도 거래를 시작할 수 있었다.

반대로 나의 가치를 알아주지 않는 사람과는 거래하지 않았다.

2008년 서울의 유명백화점에서 쌈 채소를 납품할 수 있느냐고 제의가 들어왔던 적이 있다. 드디어 백화점에서도 우리 상품의 품질을 인정해준다는 생각에 몇 차례 면담을 가졌다. 마지막 절차가 남았을 때였다. 공급 가격을 놓고 불협화음이 생겼다.

"류 사장님, 이전 업체들은 알아서 가격을 낮추던데요. 상추 맛이라는 게 거기서 거기 아닙니까?"

"우리 쌈 채소는 일반 쌈 채소와 다릅니다. 키우는 조건부터가 하늘과 땅 차이예요."

"예, 물론 그러시겠죠. 키우신 분에게는 다들 소중한 작물 아닙니까? 그런데 요새 유기농 채소를 키우는 농가들이 워낙 많고, 더 낮은 가격을 제시한 곳도 있어서요."

희망 가격을 들어봤더니 터무니없었다.

50만 원어치 퇴비를 사와서 키운 상추와 1,000만 원 들여가며 직접 퇴비를 만들어 키운 상추가 어떻게 같다는 말인가? 체계적인 관리없이 손쉽게 재배한 상추와, 외부오염원이 전혀 없는 야산 8부 능선에서 키운 상추가 왜 같은 취급을 받아야 한다는 말인가? 이는 내가 흘린 땀방울과 발품 팔며 체득한 노하우에 대한 모욕이었다.

그동안 여러 곳에 납품하면서 가장 중시한 것은 상품 가치를 얼마나 인정해주느냐 하는 점이었다. 정말 사정이 어려워 공급 가격을 맞출 수 없다면 그 정도는 감안하여 가격을 할인해줄 의향은 있었다. 하지만 무작정 가격을 깎으려는 사람에게는 상추 한 장도 주고 싶은 마음이 없다.

조치훈 9단은 바둑을 둘 때 목숨 걸고 임한다고 한다. 나도 마찬가지다. 나는 내 지난 세월과 앞으로의 생활을 모두 걸고 쌈 채소를 키우는 사람이다. 내 상추를 인정해 주는 사람하고만 거래를 하고 싶다.

chapter 05

판매 회사, 열 명의 농부 (www.10farmer.co.kr)를 열다

누가 손가락질을 하든지 내 길을 가련다

내가 악착같이 장사꾼이 되기로 결심한 데는 그만한 이유가 있다. 사람들의 곱지 않은 시선 때문이다. 대형마트에 입점하고 나자 도대체 어디서 시작된 이야기인지 이상한 소문이 돌기 시작했다.

"장안농장 류 사장 말이야. 이번에 서울에 있는 대형마트에 들어간다더니 아마 돈 엄청 썼다지?"

"그러니까 말이야. 앞에서는 고고한 척 깨끗한 척하더니 뒷구멍으로 로비하고 그런 거 아니겠어."

"어쩐지 이상하다 했어. 내 그럴 줄 알았어. 역시 사람은 겪어봐야 안다니까."

　서울 대형마트에 쌈 채소 납품을 시작했을 무렵이었다. 신규 직영매장이 하나둘 늘었고, 언론에도 장안농장이 소개되었다. 그러자 경쟁업체에서 근거 없는 루머를 퍼뜨렸다.

　당시 나는 너무 화가 나고 울화통이 터져서 밤잠을 설치곤 했다. 웬만한 일이었다면 참고 넘기련만 자부심만큼은 하늘을 찌르는지라 솟구치는 화를 억누르기 힘들었다. 내가 남의 자리를 부당하게 빼앗기라도 했다는 뜻인가? 나와 우리 직원들이 일하는 모습을 보고도 저런 험담을 할 수 있을까? 그들을 만나면 정말 한소리 하고 싶어 미칠 지경이었다.

　'당신들이 노래방 가서 노래 부를 때 우리는 밭에 가서 일했다. 당신들이 무슨 회장이랍시고 폼 잡으며 다닐 때 나는 책 보고 연구하고 공부했다. 당신들이 꽃놀이 간다고 수선을 떨 때 나는 홈플러스, 롯데마트 돌면서 시장조사를 했다. 당신들이 계모임이다 뭐다 하면서 철 따라 구경 다닐 때 나는 하루 500km도 더 운전했다.'

　그들은 정녕 개미와 베짱이의 교훈도 모르는가? 최고의 상추 하나만 바라보며 하우스에서 협력농장으로, 농장에서 거래처로 밤낮을 가리지 않고 뛰어다닌 내게 뒷돈 운운하는 말보다 더한 모욕은 없었다.

　2006년 고건 전 총리가 장안농장을 방문하고, 대통령에게 쌈 채소 선물세트를 전달한 후에는 경쟁업체의 시기심이 극에 달했다.

　"대통령 백이 있나? 우리가 모르는 백이 분명 있을 거야."

"맞아, 옆에서 누가 도와줄 거야. 혼자 힘으로는 어림도 없지."

경쟁업체의 모함은 그나마 나았다. 나를 더욱 가슴 아프게 한 것은 농부들이었다.

자기들은 몇 십 년씩 농사를 지어도 제대로 된 판로 하나 확보하지 못해 생계마저 어려운 판국인데 쫄딱 망해서 귀농한 내가 이처럼 성공가도를 달리니 그 기분이 오죽했으랴. 사촌이 땅을 사도 배가 아픈데 듣도 보도 못한 놈이 농사에서 성공을 하니 그 기분이 좋을 리가 없었으리라. 물론 나의 성공에 박수를 쳐주고 기뻐했다면 참으로 훈훈한 광경이었겠지만 현실은 정반대였다. 그들은 나를 이방인 취급했다.

"장안농장 그 작자는 장사치야."

"맞아, 그런 장사꾼이 우리하고 같을 수는 없지."

"내 말이. 개뼈다귀 같은 장사꾼 놈이 어디서 농사꾼 흉내를 내고 다녀?"

사농공상(士農工商). 그들은 조선 시대의 유물을 끌어들여 장사꾼(商)을 깔보고 싶은 것이리라. 장사하는 농부는 농부가 아니라는 논리도 마음에 들지 않았지만 장사꾼을 폄하하려는 그들의 의도가 너무 어이없었다.

도대체 농사꾼이 뭐 대단한 벼슬이라도 된다는 말인가. 농사밖에 모른다는 것이 무슨 자랑인가. 판매는 나 몰라라 팽개치고 죽어라고 농사만 지어야 농사꾼인가. 상추 한 상자에 700원 받고 넘기는 사람만이 농사꾼인가.

그들이 보기에 나는 박쥐였던 모양이다. 농부도 되지 못하고, 그렇다고 온전한 장사꾼도 될 수 없는 박쥐.

처음에는 너무 화가 치밀어 어떻게 처신해야 할지 몰랐지만 이제는 나도 달라졌다. 그들에게 내 정당성을 주장하고 싶은 마음도 없다. 이제는 더 이상 밤잠도 설치지 않는다. 그대로 내버려 두자. 나를 욕하든, 시기하든 그것은 그들이 택한 길이다. 단지 나는 내 길만을 걸어가면 그만인 것이다.

생산농부, 판매농부, 소비농부의 3농부 운동

장사꾼이라고 손가락질을 받은 덕분에 농부는 무엇을 하는 사람이고, 농사란 또 어떠해야 하는지 곰곰이 헤아려보게 되었다.

농부란 꼭 작물만 생산하는 사람이 아니다. 땅을 일구고 수확하는 사람도 농부고, 그렇게 수확한 농작물을 판매하는 사람도 농부다.

과거의 농사가 지닌 한계를 극복하려면 전통적인 농사 개념을 버리고 새로운 농업 개념을 만들어야 할 필요가 있다고 생각했다. 보다 광범위한 시각에서 2차 산업적인 농업, 3차 산업적인 농업도 생각할 수 있는 것이 아닌가. 그래서 생각한 것이 바로 '3농부 운동'이다.

순수하게 농사만 짓는 사람을 생산농부, 농산물을 파는 사람을 판매농부, 그리고 농산물을 사서 드시는 분들을 소비농부라고 부르면 어떻겠는가?

특히 이들 각 주체들이 하나의 공동체를 이루려면 필수적으로 국내 농산물만을 취급해야 한다.

생산농부는 농업 기술과 영농 자재를 통일하여 안전한 유기농 친환경농산물을 생산하는 프로 농부이다. 전통 개념 그대로 농사에 전념하는 농부를 말한다.

판매농부는 농산물을 판매하는 각 점포의 책임자로 특히 우리나라 농산물만 판매하는 분들이다.

마지막으로 소비농부는 생산농부가 생산하고 판매농부가 판매하는 우리 농산물을 소비하는 분들이다.

이런 3농부 운동을 본격적으로 실천하기 위해 나와 뜻을 함께하는 사람들을 모아 새로운 농업회사를 출범했다. 바로 '열 명의 농부'이다. '열 명의 농부'는 단순히 10명이 모였다는 뜻이 아니라 '꽉 차다'는 의미에서 지은 이름이다. 가장 능력 있고 재능 있는 한국의 유기농 농부들이 온 세상을 즐거움으로 꽉 채운다는 의미이다.

'열 명의 농부'를 시작하자 주변에서 꼭 새로운 회사가 필요하냐는 회의적인 목소리가 높았다.

"사장님 지금 벌여놓은 사업들도 너무 많은데 굳이 또 판매 자회사를 만들어야 합니까?"

"맞습니다. 장안농장이라는 회사만으로도 충분하지 않습니까?"

일리 있는 말이다. 그러나 단순히 돈을 벌기 위해 시작한 사업이 아니었다. 나 혼자 잘살자고 벌인 일이 아니었다.

이 땅에서 허리 한 번 못 펴고 뜨거운 햇볕에 전신을 그을리며 농사짓는 농민들이 다 같이 잘살길 희망해서 시작한 일이다. 나아가 활인(活人)채소를 만들어 소비자들에게 건강을 주고 싶어서 시작한 일이다.

생산농부 1만 명, 대리점 판매농부 10만 명, 소비농부 100만 명.

이것이 나의 목표다. 현재 장안농장에서 생산된 모든 유기농산물은 '열 명의 농부'라는 브랜드로 전국 67개 이마트 매장, 패밀리 레스토랑, 농협, 급식업체 등에 공급하고 있다. 앞으로 만 명의 생산농부, 십만 명의 판매농부, 백만 명의 소비농부를 채울 때까지 나는 내일도 열심히 뛸 것이다.

chapter 06

농업에
문화를 접목하라

상추에 감동을 담아라

한번은 강원도의 젊은 농업 리더들을 위한 특강에 초대되어 강단에 선 적이 있다. 질문이 쏟아졌다.

"류 사장님, 어떻게 해야 마케팅에서 성공할 수 있습니까?"

"우리 같은 사람은 고구마 한 상자도 팔기가 너무 힘듭니다. 비법 좀 알려주세요."

"어떻게 하면 비싼 가격에 팔 수 있습니까?"

아마 이 책을 읽는 독자께서도 마케팅 비법이 궁금하시리라 생각한다. 하지만 그런 질문은 마치 복권에 당첨되는 비결을 묻는 것만큼 나로서는 답변하기 힘들다. 대신 내 대답은 매우 원론적이다.

"농산물에 감동을 담으세요. 그러면 소비자는 분명 그 가치를 인정해줄 것입니다."

"감동이요? 그런 말은 대기업에서나 하는 소리 아닙니까? 그런 추상적인 이야기 말고 귀에 쏙쏙 들어오는 마케팅 방법을 좀 알려 주세요."

어느 정도 예상했던 반응이었다. 그래서 이번에는 질문을 던졌다.

"여러분, 여름이면 서울 사람들이 마을로 피서 오지요? 놀러온 사람들 보면 어떤 생각이 드십니까? 같이 어울려 보신 적 있으세요?"

질문이 피부에 와 닿는지 다들 열띤 반응을 보인다.

"어울리기는요. 그 사람들 때문에 아주 열 받아서 미칠 지경입니다. 땡볕에 얼굴 시커멓게 타가며 죽을 둥 살 둥 고추 키워놓았더니 함부로 들어가서 따가지 뭡니까. 아니, 왜 남이 힘들게 재배한 고추를 말도 없이 훔쳐 가는지, 정말 마음 같아서는 경찰에 신고하고 싶었다니까요."

"그 정도는 양호하제여, 밭 갈려고 나갔더니 농로에 차가 떡 버티고 있는기라. 어찌나 열이 받든지, 그때 아주 한바탕했는기라."

농부 입장에서 땀 뻘뻘 흘려가며 일하는데 휴가랍시고 놀러 다니는 모습을 보면 기분이 썩 좋을 리 없다. 하지만 물가에 와서 고기 잡아간다고 화를 내고, 고추 하나 따간 걸 가지고 도둑놈 취급한다면 나는 그 농촌에 더 이상 희망이 없다고 본다. 만약 내가 동네 이장이라면 도회지 사람들에게 화를 내는 대신 일단 친근하게 다가갈 것이다. 예를 들어 서울 사람들이 동네에 놀러 오면 부녀회장, 노인회장과 함께 고추, 감자를 한 바구니 들고 간다.

"이곳 물가가 마음에 드십니까? 부족한 거 있으면 이장이나 부녀회장에게 부탁하세요. 혹시 비라도 오면 우리 집으로 오시고요. 어느 집으로 가셔도 좋습니다. 참, 이것은 동네에서 재배한 고추인데요, 한번 드셔보세요. 나중에 농산물 사실 때 우리 마을 농산물을 사주시면 더욱 감사하고요. 자 그럼, 내년에도 꼭 들러주세요."

이렇게 하면 서울 사람들이 감동받지 않겠는가. 휴가를 마치고 돌아가더라도 '그 고추가 진짜 맛있더라.' 하며 마을 사람들의 정성과 추억을 기억하지 않겠는가. 이왕 사먹을 고추라면 '그때 그 마을 고추 사먹자' 하지 않겠는가. 이렇게 우리 마을을 기억하는 사람들이 늘어야 단골도 늘고 매출도 오를 것이다.

사람들은 상품을 기억하는 것이 아니라 감동을 기억한다. 우리만 해도 그렇다. 실패의 쓰라린 가슴을 안고 좌절해 있을 때, 그때 누군가 권하는 밥 한 술이 그렇게 고마울 수 없어서 평생 기억을 안고 사는 것이 아닌가. 아무리 맛있는 음식도 맛만으로 기억하는 경우는 많지 않다. 농산물도 마찬가지이다. 단순히 상품을 파는 데 급급할 것이 아니라 농촌의 향수와 정을 팔아야 한다.

그런데 이러지는 못할망정 놀러온 사람과 시비가 붙어서 싸우기나 한다면 과연 서울 사람들이 찾아오겠는가.

'마케팅' 하고 질문을 꺼낼 때는 도깨비 방망이 따위를 기대하는 것이겠지만 세상에 그런 마케팅은 없다. 별다른 노력 없이 단박에 수익을 거두는 방법은 세상에 없다. 머리 좋아서, 잔꾀를 부려서 돈을 벌 방법은 없다. 머리 좋기로 따지면 요즘 소비자를 누가 따라갈 것인가? 잔머리로 돈을 벌려고 하면 그 머리 때문에 망하는 게 요즘 시대이다. 싸게 판다고, 품질만 좋다고 고소득을 올리는 시절은 지났다.

이제는 농산물도 감동을 주어야 한다. 누구나 똑같은 상품을 만드는 시절이라면 값싼 제품이 인기를 끌 것이다. 누구나 똑같은 가격의 상품을 파는 시절이라면 품질 좋은 상품이 인기를 끌 것이다. 그런데 누구나 값싸고, 품질 좋은 상품을 판다면 과연 무엇으로 승부를 할 것인가. 남보다 한 발 앞서 신상품을 만들고, 감동을 주어야 하지 않겠는가.

'좋은 상품을 만들자.'

나는 이런 말을 하고 싶지 않다. 세상에는 좋은 상품이 넘쳐난다. 제품 만드는 기술은 금세 공유되므로 따라잡기는 시간문제이다. 좋은 상품만으로는 경쟁력을 갖출 수 없다. 좋은 상품을 넘어 감동을 주는 상품을 만들어야 한다. 그것이 유일한 마케팅 비법이다.

엄마의 밥상을 배달해 드립니다

소득 수준이 높아지면서 건강에 대한 관심이 급증했고, 그런 시대 변화를 예상했기에 시작한 유기농 상추였다. 이제 유기농은 당연한 시절이 되었고, 그 다음이 필요했다.

나는 그 다음을 '소비자와의 소통'이라고 보았다. 소비자에게 신뢰를 주고, 그들이 표현하지 못하는 내면의 니즈를 파악하려면 소비자와 마음으로 통해야 한다고 믿었다. 기업이라는 껍질을 벗고 농촌에서 살아가는 인간 류근모의 모습을 그대로 보여주어야 한다고 생각했다.

그래서 오래 전부터 〈귀농일기〉를 쓰고, 온라인을 통해 공개해왔다. 귀농일기는 생산자 대 소비자라는 구도를 벗어나 생활인의 한 사람이 되어 써내려간 말 그대로 개인적인 고백이었다. 일반 소보다 돈이 훨씬 더 많이 들어가는 유기농 소 때문에 한숨 잠 못 이루던 날, 나는 내 속마음을 그대로 써내려갔다. 무조건 '열심히 하자.' 하고 말하기에는 내 마음이 편치 않았고, 속이는 것 같은 느낌마저 들었다. 지나친 솔직함은 위험하다고 조언하는 사람들도 있었지만 자신을 위장하고 감추면서까지 〈귀농일기〉를 쓰는 게 무슨 의미가 있을까. 내가 하고 싶었던 건 소비자들을 현혹하는 '수단'이 아닌 '소통'이었으니 말이다.

그런 생각의 연장선에서 탄생한 게 〈장안배달식탁〉이었다. 하루는 이런 생각이 스치고 지나갔다.

'세상에서 가장 위대한 밥상은 엄마가 차려주는 밥상이지. 맞아, 그런데 나만 그런 게 아니라 사람들도 그렇지 않을까. 인지상정이라고 엄마가 차려주신 밥상만큼 우리를 건강하게 만드는 게 있을까. 더구나 엄마 밥상은 모두가 원하는 것이지만 현대 사회에서 쉽게 차려 먹을 수가 없잖아. 시켜 먹기 바쁘고, 인스턴트 먹기 바쁘고, 외식하기 바쁘니 어디 일일이 사다가 차려 먹을 수 있겠어.'

그런 생각 끝에 우리가 그 일을 대신해주면 어떨까 싶었다. 이미 좋은 식재료는 우리가 생산하고 있었고, 다만 좋은 식단을 짜주는 것과 이를 집까지 배송해주는 것만 해결하면 될 것 같았다. 그렇게 해서 엄마의 식탁, 〈장안배달식탁〉이 탄생했다.

한 달에 10만 원을 내면 매주 1회, 월 4회에 걸쳐 소비자가 원하는 유기농 식재료를 배달한다(최근 소비자들의 의견에 따라 10만 원 격주 4회 상품과 5만 원 격주 2회 상품을 추가로 만들었다.). 부족하기 쉬운 영양소를 섭취하여 균형을 잡아주고, 건강한 유기농 농산물을 일상적으로 접할 수 있고, 따로 장을 볼 필요도 없으니 두루두루 고객 친화적인 서비스 상품이 될 수 있겠다고 판단했고, 실제 반응도 뜨거웠다.

연이어 떠올린 아이디어 역시 바쁜 현대인이 손쉽게 채소를 섭취할 수 있도록 만든 채소즙 상품이었다. 그러나 아무 채소나 즙으로 만든 것이 아니라 다이어트와 피부에 관심이 많은 여성들을 위해 양배추부터 즙으로 만들었다.

내가 아이디어를 떠올리는 방법은 철저히 '낯선 것 접목하기'이다. 그러나 아이디어가 구현될 때, 즉 소비자에게 서비스될 때는 절대 낯선 형태여서는 안 된다. 뭔가 마음 깊숙한 곳에서부터 느껴지는 친숙함이 있어야 한다. 세상에 없던 서비스라도 어디선가 본 듯한, 마음속으로 그리던 그런 모습일 때 다가갈 수 있다는 뜻이다. 그게 감동을 주는 마케팅이 아닐까.

농업이야말로 서비스업이다

축제, 공원, 박물관, 연구소……. 이 말과 쌈 채소를 나란히 놓으면 십중팔구는 둘이 어울리지 않는다고 생각할 것이다. 그러나 나는 쌈 채소 축제, 쌈 채소 공원, 쌈 채소 박물관, 쌈 채소 연구소를 모두 만들었다. 내가 이런 시도를 할 때마다 뒷말이 무성했다.

'돈도 안 되는 일에 왜 투자를 하느냐.'

'상추 팔아서 돈 좀 벌었다더니 돈이 남아도나 보네.'

'쌈 채소 공원이 다 뭐여? 그럴 돈 있으면 비닐하우스나 하나 더 짓지.'

'돈도 안 되는 일에 저렇게 돈을 처박을 사람이 있을까. 뭔가 꿍꿍이가 있는 게 아닌가?'

그렇다. 정말 나는 꿍꿍이가 있었다. 그래서 쌈 채소 공원부터 연구소까지 엄청난 비용을 투자했다.

이곳에 투자한 돈이었으면 하우스 수십 개 짓고도 남았으리라. 어디 그뿐이랴. 그렇게 만든 하우스에서 쌈 채소를 생산했더라면 통장은 더욱 두둑해졌을 것이다.

그렇지만 나는 그렇게 이윤만 추구해서는 결코 돈을 벌 수 없다는 사실을 잘 알고 있었다. 귀농 초기, 농부가 정직하면 농사는 결코 실패하지 않으리라 믿었다. 세상이 뭐라고 하더라도 나만 열심히 일하면 푼돈이라도 꾸준히 모을 수 있으리라 믿었다. 그런 마음으로 시작한 감자 농사, 땅콩 농사였다.

하지만 농사가 잘 되면 가격이 폭락하고, 가격이 좋으면 건질 것이 없었다. 제아무리 훌륭한 농산물을 수확해도 농산물 하나만으로는 더 이상 경쟁력을 가지기 어려운 게 농사임을 깨달았다. 전통적인 방식으로는 성공을 기대할 수 없게 된 것이다.

지금까지 농촌을 떠나는 사람들을 수도 없이 보았다. 내가 정착한 마을 마수리만 하더라도 초창기에는 빈집 찾기가 힘들었지만 지금은 빈집이 많다. 그렇게 이웃들이 하나둘 떠날 때마다 나도 마음이 흔들렸다. 그럴수록 마음 한편에서는 농촌에서 뭔가 희망을 찾고 싶었다. 다들 부가가치가 없다며 농사를 포기했지만 나는 농업에서 승부를 걸고 싶었다. 농업에 인생을 건 이상 남보다 잘해야 하지 않겠는가.

'그래, 다들 떠나지만 어딘가 희망이 있을 거야. 남과 다른 아이디어를 찾으면 지금보다 나아지겠지.'

그러다 우연히 신문에서 보성 녹차 축제에 대한 기사를 보았다.

차 잎 따기, 차 만들기, 차 음식 만들기, 녹차 체험장, 녹차 해수탕 등 다채로운 행사에 참가하여 직접 재배 과정을 체험하고 녹차와 관련된 다양한 행사를 즐길 수 있도록 구성된 축제였다. 녹차와 문화의 접목이 녹차에 대한 대중의 관심을 높이는 데 기여한 것이다. 이 기사를 보는 순간 눈이 번쩍 뜨였다.

'그래, 이거다. 농업에도 문화가 필요해. 우리 쌈 채소에 문화를 심어보자.'

소비자가 직접 농장을 방문하여 쌈 채소를 눈으로 보고, 손으로 따고, 입으로 먹을 수 있는 체험 행사를 연다면 차별화된 농업 상품을 만들 수 있고, 부가가치를 높일 수 있으리라 생각했다. 그래서 채소와 문화를 어떻게 접목할 것인지 장기간 고민하며 밑그림을 그려나갔다. 바로 그 그림의 일부분이 쌈 채소 축제, 쌈 채소 공원, 쌈 채소 박물관이었다. 유기농업 연구소도 그 연장선상에 있다.

더 이상 농사만 지어서는 경쟁력이 없다. 기존의 농업은 부가가치가 낮은 1차 산업이기 때문에 2차, 3차 산업과 연계하지 않으면 살아남을 수 없다. 그런 의미에서 문화와의 접목은 사람들의 감성에 호소하면서 동시에 우리 농산물을 알릴 수 있는 좋은 시도라고 생각한다.

농업을 문화와 연계하는 문화 마케팅이 필요하다. 과거처럼 작물이 팔리기만 기다리는 소극적인 마케팅을 버리고 문화에 대한 소비자의 욕구를 읽고 이에 발맞춰 새로운 마케팅을 펼쳐야 시장을 개척할 수 있다.

제1회 장안 쌈 축제를 열다

우체국 주문판매 초창기에 가장 많이 들었던 질문이 있다.

"근데요, 일반 쌈 채소보다 가격이 좀 비싸네요."

"네, 유기농으로 재배한 쌈 채소라서요."

"아, 안 그래도 그게 궁금했어요. 요새 사람들이 유기농 좋다고들 그러든데 그게 왜 좋은 거예요? 농약 없이 키운다고 하는데 진짜 믿을 수 있어요?"

그때가 1998년이었다. 대형마트에서도 하나둘 유기농 매장이 생기고 있었지만 일반 소비자는 '비싸다, 몸에 좋다'라고 여길 뿐 정작 유기농이 무엇인지, 왜 좋은지 모르는 경우가 허다했다.

그래서 이런 질문을 받을 때마다 일일이 설명을 드리긴 했지만 말에는 한계가 있었다. 백문이 무슨 소용인가, 한 번 보는 것만 못하지 않은가? 그동안은 채소를 들고 소비자를 찾아다니며 유기농 채소의 우수성을 알렸으나 이렇게 해서는 들인 노력에 비하면 성과가 적었다. 더구나 소비자 입장에서는 장안농장 채소가 어떻게 재배되는지 그 과정을 모르므로 그저 내 말만 믿어야 하는 셈이 아닌가?

발상의 전환이 필요했다. 이제는 고객을 농장으로 초대해보자. 그런데 어떻게? 축제를 열어볼까? 그래, 쌈 채소 축제를 열자. 고객이 채소 재배를 체험할 수 있는 공간을 만들어 보자.

1998년 5월 제1회 장안 쌈 축제를 열었다. 쌈 채소라는 주제로는 국내에서 처음 시도된 행사였다. 물론 축제라고 이름을 붙였지만 특별할 것도 없었다. 그저 이웃들과 친구들, 단골 회원들을 초청하여 쌈 채소를 함께 따고 나눠먹는 수준이었다. 하지만 반응이 좋았다.

"와, 쌈 종류가 이렇게 많은 줄 처음 알았어요. 진짜 신기해요. 오기를 진짜 잘한 것 같아요."

"맛있는 상추도 실컷 먹고 애들도 맘껏 뛰놀 수 있어서 너무 좋았습니다. 아이들 체험학습에도 그만이었어요."

"사장님 덕분에 정말 멋진 추억 만들고 갑니다. 도시에도 이런 농장이 있으면 정말 좋겠어요."

현재 장안농장의 비닐하우스 안에는 민속채소, 서양채소, 허브채소, 싹채소, 가공상품 등 5개 분야 100종의 다양한 쌈 채소가 자라고 있다. 상추, 잔대, 청겨자, 케일, 브로콜리, 양상추 등 국내에서 볼 수 있는 거의 모든 품종을 갖췄다.

사먹을 때는 몰라도 이렇게 모아놓고 보니 회원들 눈에도 쌈 채소가 너무 신기한 모양이었다. 채소를 하나씩 딴 후 돗자리를 펴놓고 앉아서 쌈을 싸먹으며 너무들 즐거워하셨다. 그렇게 1회 축제를 무사히 마쳤다.

당시에는 축제를 해마다 열어야겠다는 생각을 미처 하지 못했다. 그런데 첫해 방문했던 회원들로부터 문의전화가 걸려왔다.

"작년에 했던 그 쌈 채소 행사, 올해는 안 하나요?"

"우리 애들이랑 다시 가고 싶은데, 올해는 언제 해요?"

그렇게 2회는 회원들의 성원으로 다시 열게 되었고, 1회보다 많은 회원들이 방문했다. 1년에 단 하루였지만 이날만큼은 조용하던 농장도 활기에 넘쳤다. 1999년에는 인터넷 쇼핑몰 개설을 계기로 점차 회원들이 늘었으며 더불어 행사 참가자도 많아졌다.

쌈 축제를 매회 진행하면서 어려운 일도 겪었다. 초창기에는 참가 고객이 몇 백 명이었는데 나중에는 천 명 단위로 늘어서 행사 준비가 만만치 않았다. 5월에 진행되는 행사를 위해서는 2월부터 씨앗을 구하고 파종하는 등 3~4개월에 걸친 종합계획을 세워야 한다.

5월 행사가 코앞으로 다가오면 혹시라도 채소가 미처 자라지 못한 상태에서 손님들을 맞지는 않을까 걱정이 앞섰다. 축제 전날에는 비라도 내릴까 봐 노심초사하고, 회원들이 농장을 체험하는 데 불편하지 않도록 밤늦게까지 농장 주변을 정리했다.

이렇게 축제가 열리기 수개월 전부터 당일까지 준비해야 할 일이 수두룩했기 때문에 일하랴 행사 준비하랴 힘에 부칠 때도 많았다. 그러나 고객과의 약속과, 고객의 즐거움을 생각하면 도저히 그만둘 수 없었다.

우리가 예상치 못한 일이 벌어질 때도 있었다. 어떤 해에는 장안농장이 수용할 수 없을 만큼 많은 인원이 몰려서 진입로가 마비되고, 주변 농로에 자동차를 주차하는 바람에 본의 아니게 마을 주민들에게 피해를 입힌 적도 있었다. 마을 인근까지 대중교통으로 이동한 뒤 농장까지 걸어오시라고 아무리 당부해도 일부 회원들의 행동 때문에 이웃에게 얼굴을 못 든 적도 있었다.

더욱 속상한 일도 많았다. 채소를 담으라고 나눠드린 비닐봉지로도 모자라시는지 배낭 한가득 채소를 담아서 가져가시는 분도 있고, 쌈 채소를 뿌리까지 캐어가는 분도 계셨다. 그때마다 내색은 안 했지만 우리 직원들의 마음이 얼마나 상했는지 나는 짐작할 수 있었다. 이게 다 유명세려니 하고 못 본 척 넘어가려고 해도 마음을 다스리기가 쉽지 않았다. 그런 일부 회원들의 행동 때문에 축제를 중단하고 싶은 마음도 들었다.

하지만 축제를 통해 얻은 것에 비하면 이는 너무나 소소한 일이었다. 축제가 끝난 뒤 홈페이지에는 어김없이 쌈 축제 후기와 사진

이 올라왔다. 엄마 뒤를 따라 농장을 아장아장 걷는 아이의 해맑은 얼굴, 홈페이지 게시판을 가득 채운 회원들의 후기, 온 가족이 모여서 찍은 행복 가득한 사진을 보노라면 이내 원망했던 마음을 접고 분발을 다짐한다.

"인상이 너무나도 좋으신 사장님과 친절한 직원들의 안내에 우선 감동하였고, 맛있고 영양가 많은 쌈 채소를 무한으로 먹을 수 있었음에 두 번째 감동. 세 번째 감동은, 농장을 직접 둘러보면서 수확까지……. 이만한 축제를 왜 그동안 참석하지 못했는지. 특히 준비해주신 쌈 채소에 삼겹살을 구워 먹는 맛은 과히 천하일품이었습니다. 너무나도 행복했습니다. 그리고 직접 쌈 채소들의 보금자리를 보니 내가 좋은 것을 먹는 데 이유가 있구나 하는 생각이 들더라고요."

 장안 쌈 축제는 이렇게 진행돼요

현재 장안농장에서는 1년 동안 단 한 번이라도 채소를 구입하신 회원들을 대상으로 쌈 축제를 진행한다. 쌈 축제 행사가 열리기 3개월 전부터 초청장을 발송하여 참가 여부를 확인하고, 참가자들에게 준비물과 공지사항을 전달한다. 농장에서는 밥, 쌈 채소, 싹채소, 쌈장, 고추장 등을 제공하고 회원들에게 술, 고기, 불판가스, 돗자리 등을 지참할 것을 미리 알린다.

장안 쌈 축제는 일반 축제와 다르다. 보통은 인사말로 축제 개막을 알리고, 축하 인사말을 낭독하고, 가수들의 축가가 이어지지만 여기서는 그런 공식행사가 전혀 없다. 그저 회원끼리 모여서 쌈 채소를 따서 맛있게 먹고 장안농장의 곳곳을 둘러보며 편하게 즐기면 그만이다.

참가자들이 도착하면 직원들의 안내에 따라 쌈 채소 체험 하우스로 이동하게 되는데 이곳에서 쌈 채소 뜯는 방법을 배운 뒤 비닐봉지 하나씩을 받으면 준비 끝. 체험 하우스에서 자라고 있는 60여 가지의 유기농 쌈을 각 두 잎씩 따서 담으면 비닐봉지가 가득 찬다. 쌈을 따다가 궁금한 점이 있으면 하우스에 상주하고 있는 직원에게 물어보면 친절히 알려준다.

채소를 다 따면 드디어 본격적인 시식 시간. 각자 뜯은 쌈 채소를 세척한 후 장안농장 식당으로 이동한다. 식당에는 밥, 쌈장 및 여러 쌈 채소가 준비되어 있다. 또한 회원들이 직접 따온 쌈 채소도 함께 즐길 수 있다. 불판과 삼겹살을 준비하신 분들은 야외에서 식사를 할 수 있다.

1998년에 처음 시작한 쌈 축제는 2012년 현재 17회째를 맞았는데 회를 거듭할수록 그 형태도 발전하고 있다. 처음에는 쌈을 손수 따서 먹는 정도에서 그쳤지만 이제는 다양한 이벤트가 마련되어 있다. 쌈에 관한 OX퀴즈를 내서 우승한 팀에 쌈 채소 세트를 선물로 드리고, 쌈 채소로 전을 부쳐서 먹는 법 등 다양한 요리법도 알려드린다. 또한 논둑길 걷기, 쌈 채소 공원 체험하기, 쌈 채소 박물관 관람하기 등 온 가족이 즐길 수 있는 다채로운 이벤트가 마련되어 있다.

이번에는 쌈 채소 공원이다

"예? 쌈 채소 공원이요? 그런 것은 들어본 적이 없는데요."

"없으면 우리가 만들면 되는 거 아니겠어. 공원이 뭐 별거야? 쌈 채소를 여기 저기 심으면 그만이지."

"그래도, 명색이 공원인데 비용이 만만치 않을 거예요."

"맞습니다. 쌈 채소 축제만 해도 이렇게 감당하기 버거운데 왜 또 돈도 안 되는 일을 벌이려고 하십니까?"

쌈 채소 축제에 이어 공원을 만들자고 했더니 아내와 직원들이 결사반대를 외쳤다. 그러나 이미 내 마음에서는 엎질러진 물이었다. 쌈 채소 공원 부지로 밤나무 농장과 그 인근 부지 1만 평을 점지해 두고 있었던 것.

장안농장 뒤편에는 150미터 높이의 야산이 있었는데 이곳이 밤나무 농장이었다. 여름에 밤꽃이 필 때면 온 산이 하얀 꽃 바다를 이루었는데 정상에 올라서면 충주 시내가 한눈에 들어올 정도로 전망이 근사한 곳이다. 그런데 이렇게 멋진 곳이 가을 한철 수확할 때를 빼고는 잡초가 우거져 인적조차 드물었다. 밤 농장에 들를 때마다 어떻게 하면 이곳을 활용할 수 있을까 수년째 고민하던 차였다.

그러다 생각한 것이 쌈 채소 공원이었다. 장안농장을 찾는 많은 회원들이 공원에 와서 맘껏 뛰놀고 휴식을 취하면서 잠시나마 시름을 잊을 수 있다면 얼마나 좋겠는가. 물론 공원을 짓기에는 자본도 모자라고 그럴 만한 실력도 부족한 것이 사실이었다. 그러나 고마운 회원들을 생각하면 뒤로 미루고 싶지 않았다. 제2의 '상수 허브랜드'가 되지 말란 법도 없지 않은가.

첫 걸음부터 쉽지 않은 일이었다. 공원 부지는 말 그대로 수풀이 우거진 곳이었다. 그만큼 잡초도 많았고, 제거 작업도 만만치 않았다. 제초제를 뿌리면 손쉽게 해결할 수 있겠지만 어디 유기농을 한다는 사람이 그럴 수야 없지 않은가. 직접 예초기를 둘러매고 8일 동안 하루 14시간이 넘게 풀을 벴다. 매번 온 몸이 땀으로 흥건히 젖으며 잡초와 사투를 벌였다.

잡초 제거가 끝이 아니었다. 문제는 그 다음부터였다. 공원을 만들려면 무엇보다 동선을 구성하는 일이 중요하다. 공원이 집 앞 화단도 아니고 1만 평이나 되는 공간을 어떻게 꾸밀 것인가. 인위적으로 길을 내는 것보다는 최대한 자연을 살리면서 향후 100년 후까지 길이길이 이어지도록 기초공사를 확실히 해야 했다.

나 역시 조경을 했던 경력이 있었으므로 못할 일도 아니었지만 조경과 동선 구성은 분명 다른 분야였으므로 전문가를 고용했다. 이렇게 동선 구성에 들어간 비용이 4천만 원이었다. 일반 기업체도 아니고 쌈 채소를 팔아서 농장을 꾸려가는 사람이, 그것도 당장 돈도 안 되는 일에 4천만 원을 쏟아 붓는다는 것은 상식적으로 이해할 수 없는 일이었으리라. 그러니 이런 소리가 나오는 것도 당연한 일이었다.

"사장님 도대체 왜 그러신대? 돈이 남아 도냐고."

"그 속을 누가 알겠어? 우리가 그 깊고 높은 뜻을 어찌 알겠냐고."

그런데 동선 구성만으로 끝나면 얼마나 좋겠는가. 쌈 채소 공원 부지에 나무를 심고 공원을 조성하는 일은 오롯이 내 몫이었다. 다행히 조경 경험이 있어서 시간이 날 때마다 인부 몇몇과 함께 나무와 쌈 채소를 심었다. 그렇게 전문가까지 동원하여 동선을 잡고 나자 공원은 하나둘 자리를 잡아갔다.

드디어 2009년 9월이 되었다. 완공까지 총 5년이 걸린 끝에 국내 최초로 쌈 채소 공원을 개원하였다. 공원은 잔디광장, 제1~3전망대, 놀이터, 산국화 단지, 장뇌삼단지, 허브꽃길, 수생연못, 샘터 등으로 구성되었다. 또 쌈 채소 100가지를 심어서 쌈 채소에 대해 공부하고 사진을 찍을 수 있도록 공간도 마련했다. 산책길을 따라서 명시들을 새긴 시비를 세웠고, 길가에 의자를 배치하여 쉬어갈 수 있도록 했다. 처음에는 그저 뒷동산에 불과했던 밤 농장 부지가 5년 만에 쌈 채소 공원으로 변모했다.

'쌈 채소 공원을 어떻게 만들어요.' 하며 반대하던 직원들도 막상 완성된 모습을 보고는 입을 다물지 못했다.

"사장님, 정말 근사해요. 이제 쌈 채소 공원이라고 불러도 손색이 없을 것 같아요."

쌈 채소 공원에 이어 쌈 채소 박물관과 쌈 채소 연구소도 만들었다.

사람들은 박물관이라고 하면 다들 뭔가 거창한 것을 상상한다. 그래서 쉽게 엄두를 못 낸다. 그러나 나는 우리 식탁에서 사라져가는 민속 채소를 알리고 보급하고 싶은 소박한 마음으로 박물관을 구상한 것이었다. 굳이 근사한 전시품을 갖추고 싶은 마음도 없었고, 채소 사진과 설명만 갖추면 목적을 달성할 수 있으리라 여겼다.

단지 비용이 생각보다 많이 들어서 부담이 되었던 것은 사실이다. 박물관에 들어간 돈은 최소 1억 원이었으며 일부는 개인 대출을 받아서 해결했다.

현재 쌈 채소 박물관에는 국내외 쌈 채소 500여종의 사진 자료가 전시되어 있으며 장안농장 회원과 전국 선진농가, 학생들의 교육장으로 활용된다.

쌈 채소 연구소를 구상한 것은 기존의 연구소가 지닌 한계 때문이었다. 막상 유기농 연구소라고 해도 무늬만 연구소인 경우가 많았다. 나 역시 연구소를 구상하면서 같은 실수를 되풀이하지 않을까 걱정이 앞섰던 것이 사실이다. 그렇지만 유기농 연구소가 반드시 필요하다는 사실을 절감하고 있었고, 누군가 해야 한다면 내가 하자고 마음먹었다.

연구소를 만들면서 두 가지에 중점을 두었다. 농민에게 현실적인 도움을 줄 수 있는 연구소여야 한다는 점과, 이를 위해 농업을 다른 각도에서 바라볼 수 있도록 인적 구성을 갖춰야 한다는 점이었다. 그래서 우리 연구소에는 한의학연구소를 운영하는 현직 교수, 지역문화 연구가, 정각연구소를 운영하는 전직 장관, 트렌드 전문가, 한학자 등 사회 각 각 분야의 전문가를 연구위원으로 초빙했다.

이번에는 된장찌개 쌈장 경연대회다!

"대표님, 도대체 쌈장대회가 뭡니까?"

쌈장 된장찌개 대회를 열면 어떻겠느냐고 하자 이번에도 역시 반대 세력들이 들고 일어섰다. 아주 연관이 없지는 않지만 그래도 우리는 쌈채소 농장이지 된장을 담그는 곳이 아니지 않은가. 그게 주된 이유였다.

하지만 나는 이 아이템만큼은 포기하고 싶은 생각이 1%도 없었다. 첫째 쌈 채소를 알릴 수 있는 아주 좋은 기회였고, 둘째 우리나라의 문화적 특수성을 가장 잘 반영하고 있는 대회였기 때문이었다.

발효음식 쌈장은 쌈 채소와 곁들여 식탁에 자주 오르는 국민 애호 음식이다. 그럼에도 불구하고 음식이라고 하기에도 애매하고, 심지어 레시피도 따로 없었다. 그저 가정마다 사람마다 개성 있게 만들어 먹으면 땡.

내가 착안한 점은 바로 그 부분이었다. 레시피가 없다…… 그래! 레시피가 없으니 레시피를 만들면 되겠구나. 그게 행사 주제였다.

각양각색인 조리법을 체계화하면 쌈장에 대한 관심도 높아질 것이고, 그러면 때마침 불고 있는 유기농/채식 열풍을 더 가속화할 수 있을 것 같았다. 그래서 직원들의 반대에도 전혀 흔들림이 없었다.

그새 소문이 퍼졌는지 집에 들어서자마자 아내가 한마디 던졌다.

"신세를 혼자서 볶아요, 볶아. 왜 그렇게 하지 않아도 될 일들을 벌이고 그러세요."

신세를 볶는다…… 왠지 그 말이 비꼬는 말처럼 들리지 않았다. 제아무리 훌륭한 식재료가 있으면 무얼 하겠는가. 들들 볶아야 비로소 훌륭한 요리가 되지 않겠는가!

나는 된장찌개 쌈장 대회의 성공 가능성을 높게 점치고 있었다. 김치, 고추장, 된장까지는 이미 장인도 있고 레시피에도 관심이 높다. 그런데 그 된장을 활용한 된장찌개는? 고추장과 된장을 섞어서 만든 쌈장은? 분명 우리나라 사람이라면 수도 없이 접했을 음식이 아닌가. 대한민국 국민이라면 누구나 자기만의 독특한 레시피를 주장해볼 수 있을 테고, 따라서 누구든 부담 없이 출전할 수 있지 않겠는가. 또 수상을 하면 상금도 타고, 수상작은 장안농장 쌈채소 식당의 정식 메뉴로 공개되니 여러모로 참석자들에게 구미가 당기는 기회였다.

다만 한 가지 걸리는 점은 객관적인 '맛'을 평가할 수 있는가 하는 점이었다. 맛이란 게 개개인의 기호 차이가 뚜렷한데 이를 무시하고 일방적인 잣대로 줄을 세울 수는 없는 법이 아닌가. 그러나 고민은 금세 사라졌다. 하나의 기준으로 측정하는 것이 아니라 맛의 다양한 기준을 마련하여 총점을 매기면 보다 객관적인 평가가 가능하리라고 생각했다. 생각이 여기까지 이르자 다음은 일사천리였다.

참가 자격에는 제한을 두지 않았다. 대한민국에 국적을 둔 사람이라면 누구나 참가하도록 했다. 심사위원은 총 10명을 모셨는데, 조리학과 요리학계의 전문가들과 일반인, 장안농장 관계자들로 구색을 갖추었다.

쌈장, 된장찌개 대회가 열린다고 하자 입소문이 빠르게 퍼져나갔다. 지역 언론에서는 지역 농민이 주최가 되어 전통 행사를 진행한다고 하니 크게 관심을 가져주었고 관공서에서도 소매를 걷고 동참의 의사를 밝혀왔다.

성공에 대한 자신감이 그 어느 때보다 높았지만 그래도 전날 밤은 잠을 설치고 말았다. 그리고 대회의 날이 밝았다. 〈제1회 대한민국 된장찌개 및 쌈장 경연대회〉가 공식적으로 열렸다. 지역 예선을 거쳐 된장찌개부문에 9명, 쌈장부문에 19명이 최종 실력을 겨루기 위해 행사장에 나타났다. 심사위원들은 '알맞은 재료, 전통의 맛, 세계인의 입맛, 지역특산품, 상품성, 대중성, 창의성' 등을 기준으로 심사를 진행했다. 국내에서 처음 열리는 대회였던 만큼 언론에서도 앞 다투어 행사를 알려준 덕분에 행사 당일에도 많은 관심을 끌었다. 그리고 대회는 성공적으로 끝났다.

여담이지만 행사에 들어간 진행 비용이 약 천만 원 정도였는데, 그 비용이 가져다준 효과는 약 50억에 달했다. 이만하면 꽤 성공한 기획이자 결과였다고 자부한다.

사람들은 내가 스스로 신세를 볶는다고 말한다. 왜 이렇게 자꾸 볶아대는지 모르겠단다. 하지만 내가 내 자신을 스스로 볶지 않으면 세상이 나를 볶게 되리라는 사실을 나는 잘 알고 있다. 세상에 휘둘리며 살아갈 것인가, 아니면 그러기 전에 자기 자신이 스스로를 달달 볶겠는가. 선택은 자유다.

chapter 07

상추가 아닌 작품을 만들어라

작업장은 갤러리 작업자는 아티스트

2004년 가을이었던 것으로 기억한다. 하루는 아이와 함께 서울시립미술관에서 열리고 있던 '샤갈 전시회'를 보러 갔었다. 그동안 너무 바쁜 나머지 문화생활과는 담을 쌓고 살았는데 마침 샤갈의 그림을 직접 볼 수 있다기에 아이와 함께 보고 싶어 찾았던 것이다.

막상 둘러보니 기대 이상이었다. 시설은 하나같이 깨끗하고 인테리어 역시 깔끔했다. 조명은 눈부시지 않게 전시장 곳곳을 비추고 있었고, 직원마저 친절하여 내가 특별한 곳에서 대우를 받고 있다는 느낌이었다.

이런 곳에서 샤갈의 그림을 보는 것은 그야말로 큰 기쁨이었다. 비록 그림에는 문외한이었지만 샤갈의 그림은 한눈에 내 마음을 사로잡았다. 마치 동화 속에나 나오는 듯 하늘을 나는 사람들을 그린 그림을 보고는 '아, 이렇게 행복한 상상력을 보여주는 화가가 있구나.' 하고 감탄했다.

그날 밤 내내 샤갈의 그림은 뇌리를 떠나지 않았다. 그림들은 같은 듯 서로 달랐다. 특히 화려한 색채가 인상에 강하게 남았는데 정말 뭐라 말로 표현하기 힘든 묘한 감동의 물결이 일었다.

도대체 이 감동은 어디서 오는 것일까? 그날부터 이 감동을 장안농장 쌈 채소에 접목할 수 있는지 고민하기 시작했다.

'샤갈의 그림을 보고 사람들이 감동을 받는 것처럼 쌈 채소를 드시는 분들에게 감동을 선사하자.'

감동을 주려면 어떻게 해야 할까? 같은 물건이라도 장사꾼이 만드는 것과 예술가가 만드는 것은 다르지 않을까? 즉 상품이 아니라 작품으로 만들면 되지 않겠는가. 쌈 채소가 하나의 작품이라면 그 작품을 만드는 곳은 더 이상 작업장이 아니었다. 즉 갤러리가 되는 것이다.

그래서 그때 이후 작업장이라는 말을 갤러리로 바꿔서 부르고, 동시에 출입구에도 갤러리라고 써서 붙였다. 내부 시설도 갤러리처럼 깔끔하게 정돈하고 항상 청결하도록 신경을 썼다.

장안농장 갤러리에서 일하는 사람은 당연히 예술가가 되어 쌈 채소가 아닌 작품을 만든다. 세상에 단 하나뿐인 작품을 만든다는 심정으로 브로콜리를 세심하게 잘라내고, 옥에 티를 제거하는 심정으로 상추의 끝을 섬세하게 다듬는다. 예술성이 부족한 작물은 일일이 골라내고, 포장조차도 예쁘고 정성스럽게 마무리한다. 예술가의 집념과 솜씨가 어우러져 하나의 작품이 탄생하며, 이렇게 탄생한 각각의 작품에는 대표 예술가(작업자)의 이름을 적는다.

또한 갤러리 곳곳에는 독특한 안내문이 붙어 있다.

"'이 채소는 혼수입니다.' 기분 나쁜 상태로 작업하면 채소들이 시듭니다. 그러면 드시는 분이 맛이 없습니다. 이러면 우리가 할 일이 없어집니다. 그러면 우리가 있을 수 없습니다."

작업하는 사람의 마음가짐에 따라 채소의 맛이 달라진다. 기분 나쁜 상태로 일을 하면 그 마음이 채소에 전달되어 맛도, 감동도 떨어질 수밖에 없다.

그래서 나는 갤러리에서 일하는 직원들에게 특별한 규정을 마련해두었다.

'부부 싸움을 한 사람은 다음 날 출근하지 마세요.'

부부 싸움을 하면 마음에 앙금이 남는데 그 마음으로 작업을 하면 채소에 감동을 담을 수 없기 때문이다.

감동은 눈에 보이지 않는다. 채소를 아무리 꼼꼼히 살펴도 특별한 징표가 있는 것이 아니다. 그러나 눈에 띄지 않는다고 해서 없다고 말할 수 없다. 반드시 정성을 들인 만큼 감동은 전달된다.

6년 전 일이다. 모 그룹 회장실에서 특별한 주문이 들어왔다.

회장이 임원들에게 줄 추석 선물로 유기농 선물 세트 100상자를 주문한 것. 당시 회장 비서실 직원이 평소 우리 농장의 단골고객이었는데 매년 대동소이한 선물에 식상함을 느낀 나머지 뭔가 색다른 선물이 없을까 고민하다 '유기농 쌈 채소 선물 세트'를 제안했다.

지금도 그렇지만 6년 전에는 유기농 채소 선물 세트가 더더욱 생소한 시절이었다. 그래서 추석 선물 세트를 주문한 후에도 걱정이 많았다고 한다. 그런데 우려와 달리 임원들의 반응이 너무 좋았다고 했다.

보통 선물이라면 갈비, 과일, 신발, 상품권, 술 따위를 떠올리지만 이런 선물은 너무 흔해서 기억에 잘 남지 않는다. 그렇지만 유기농 야채 선물은 좀 특별하다. 특히 명절 때는 온 가족이 모여서 식사를 하는데 이때 식탁 한가운데 20가지가 넘는 쌈 야채가 놓이면 다들 놀라곤 한다.

"와, 쌈 채소가 이렇게 많아요?"

"싱싱하고 진짜 맛있네요. 이거 어디서 났어요?"

"그러게요. 이 상추 맛이 예사롭지 않네요."

이렇게 쌈 채소 하나로 20만 원 상당의 추석 선물 세트보다 큰 감동을 줄 수 있다. 당시 쌈 채소 선물 세트를 제안했던 그 단골고객은 큰 칭찬을 받았다고 한다.

그때 이후 그 회사에서는 매년 명절 때마다 유기농 선물 세트를 대량으로 주문하고 있다. 뿐만 아니라 선물을 받은 분들 중에도 장안농장의 소중한 단골고객이 되신 분도 있다. 앞으로도 나는 이 분들의 믿음을 저버리지 않기 위해서 모든 과정에서 한 치의 소홀함이 없도록 최선을 다하고, 더 큰 감동을 줄 수 있는 방법을 찾을 것이다.

농산물의 미래를 논하기 전에, 소비자의 마음을 사로잡겠다는 다짐과 노력이 필요하다. 갈수록 소비자의 입맛은 까다로워지므로 누가 얼마만큼의 감동을 주느냐가 농산물의 경쟁력을 좌우한다. 단순히 상품을 파는 데 그쳐서는 안 된다. 각자의 신용과 믿음을 팔고 고객 감동을 위해 매순간 노력해야 한다.

장안농장에서 영화를 제작합니다!

2011년 1월 3일 나는 '귀농편지'를 통해 중대 발표를 했다. 바로 몇 시간 뒤 지인들로부터 연락이 왔다.

"아니, 탤런트가 다 뭡니까?"

"방송국도 아니고 PD요?"

'또 일 내셨네!' 하는 목소리들이다. 기존의 직급은 주임, 대리, 과장, 부장이었는데 나는 이런 직급명을 모두 폐기하기로 결정했다. 대신 탤런트, PD와 같은 새로운 직급명을 전격 도입했다.

생산직 평직원 → 탤런트(LT)

주임 → 미들탤런트(MT)

대리 → 하이탤런트(HT)

과장 → FD(floor director/무대감독)

부장 → PD(producer)

임원 → CP(chief producer)

대표이사 → DP(총감독)

고로 나는 '류근모 DP'가 되었다. 총감독인 셈이다. 내가 총감독이 되고 식구들이 피디니 탤런트가 되었다면 우리가 할 수 있는 게 뭘까? 영화 제작이 아니겠는가.

실제로 나는 그날 귀농편지에서 '장안농장이 영화를 만듭니다!'라는 제목을 달았다. 진짜로 영화를 찍는다고 여긴 사람도 있는 모양이었다. 그러나 우리가 만들기로 한 것은 진짜 영화가 아니라 상추이다. 채소가 아닌 작품을 만들자는 의미로 2011년 신년 나는 '영화 제작'을 공지하여 장안농장의 1년 계획을 알린 것뿐이다. 우리는 진짜 예술경영에 도전장을 내밀었다.

03

장안농장이 가는 길이
대한민국 유기농업의 미래다

장안농장 물류센터 내부에는 이런 현수막이 걸려 있다.
"장안농장 우리가 하는 일은
대한민국 농업의 미래를 만드는 일이다."
설령 우리가 끝내 국내 농업 시장의 좁은 우물에
머무르고 말지라도 직원들에게만큼은
세계 최고의 농업 기술을 보여주고 싶다.
그들이 훗날 어떻게 발전할지 내 생전에 볼 수 없을지 모르지만
그들이 마음껏 세상 밖으로 나갈 수 있도록
지원을 아끼지 않을 것이다.

chapter 01

농업에도
규모가 필요하다

안정적인 공급 망을 갖춰야

"아무래도 일하는 사람들을 더 뽑아야겠어요."

"휴, 그래야 되겠지. 주문에 맞추려면 농장인부도 늘려야 하고, 포장하시는 아주머니도 많이 부족해요."

2001년 충주 이마트에 이어 대전 이마트까지 거래처가 늘고 인터넷 쇼핑몰 주문이 늘자 공급물량 대기가 점차 어려워졌다. 물론 장안농장 농산물이 잘 팔리는 것은 바랄 나위 없이 좋은 일이었으나 끊이지 않고 들어오는 주문을 혼자서 감당하기가 힘들었다.

그런 와중에 뜻밖의 사고까지 터졌다.

"사장님, 어떡하죠! 아무래도 2농장 비닐하우스 3동 상추들에 병이 돈 것 같아요."

그 소리를 듣는 순간 가슴이 철렁 내려앉았다. 내일 아침 수확해서 공급하기로 된 상추가 전부 못쓰게 된 것이다.

대형마트의 경우 매일 종류별로 쌈 채소를 공급해야 하는데 이것이 생각만큼 쉽지 않았다. 얼핏 생각하면 간단한 일이지만 막상 현실은 다르다. 무럭무럭 잘 자라던 채소가 태풍이나 폭설 같은 자연재해를 입거나 뜻하지 않은 병충해로 죽기도 했고, 이유 없이 성장이 부진하여 상품가치가 떨어지면 밭을 통째로 갈아엎어야 했다. 이런 사고가 반복되어 공급 약속을 어기면 그때는 스스로 거래를 중단하는 수밖에 없었다.

마트에 입점하는 일도 까다롭지만 이후 안정적인 공급을 지속하는 일도 결코 누워서 떡 먹기는 아니었다. 혼자서 모든 물량을 소화하려면 자연 무리가 따를 수밖에 없었다. 이 문제를 어떻게 해결할까 고민하다 주변 농가들과 함께 재배하면 좋을 것 같다는 결론을 내렸다.

다행히 2000년 초반부터 친환경농법이 보급되어 유기농법으로 농사짓는 곳이 제법 생겼다. 그래서 친분이 있는 이웃 형님들을 찾아가 함께 일해보자고 제안했다.

"형님들, 파는 건 제가 책임질 테니까 같이 해보시겠습니까?"

"정말인가? 자네가 그렇게만 해준다면 우리야 좋지."

"그러게 말이야. 힘들게 키워놓고도 팔 곳이 없어서 다들 죽을 지경이라네."

"네, 좋습니다. 대신 제가 키우는 채소와 품질이 같아야 합니다."

"좋네. 기술까지 전수해준다면 한번 키워보겠네."

농부의 가장 큰 고민은 판로이다. 특히 친환경농산물 같은 경우 일반 농산물에 비해 판로가 좁기 때문에 막상 시작하고도 중간에 포기하는 경우가 많았다. 설사 어렵게 판로를 개척한다 해도 헐값에 넘기는 일이 다반사였는데 내가 판로를 책임지고, 여기에 재배기술까지 전해준다고 하자 모두 내 제안을 환영했다.

그렇게 해서 가까운 이웃 형님 세 분과 힘을 합쳐 공동으로 대형마트에 납품하기 시작했다. 혼자 재배할 때는 물량이 부족하면 어쩌나 노심초사했는데 3곳에서 공동생산하자 안정적인 공급이 가능했다.

쌈 채소가 판매된 후에는 공급물량을 따져 곧장 정산을 했다. 농가로서도 수익이 안정적으로 창출되자 금세 소문이 퍼지기 시작했다.

'장안농장과 함께하면 판로가 보장되고 수입이 보장되더라.'

이후로는 굳이 내가 찾지 않아도 나와 함께 재배하고 싶다는 분들이 하나둘 찾아왔다.

경쟁력을 갖추려면 규모를 키워야 한다

그러던 어느 날 대형마트에 농산물을 납품하는 사장과 만날 기회가 있었다. 얘기를 들어보니 공급 물량이 우리와 비교할 수 없을 만큼 엄청났다. 나는 고작 3명의 형님과 공동으로 생산하고 있었지만, 그 사장은 농가 10곳과 함께 작목반을 구성하여 법인 형태로 운영하고 있었다.

"농사지어 봐서 알겠지만, 뭐 남는 거 있습니까?"

"하긴 그렇죠. 인건비에 자재비에 이것저것 제하고 나면."

"그렇다니까요. 저도 처음에는 옆집 형님들과 함께 납품했는데 지금은 규모를 늘렸습니다. 여러 명이 공동으로 재배하니까 수입이 훨씬 낫더라고요."

절로 고개가 끄덕여지는 이야기였다. 1,000평 농사를 지으나 5,000평 농사를 지으나 트랙터는 한 대만 있으면 족하다. 비싼 트랙터를 구입한 바에는 1,000평보다는 5,000평 농사를 짓는 것이 효율이 높다는 말이다.

배송도 마찬가지. 용달차에 상추를 20상자 싣고 가나, 100상자 싣고 가나 큰 차이가 없다. 어차피 배송을 하는 기사는 한 명이면 되고, 물류비도 차이가 없으니 기왕이면 100상자가 좋을 수밖에.

거래처도 그렇다. 대형마트에서는 많은 물량을 고정적으로 납품할 수 있는 업체를 원하기 때문에 소규모 농가는 가격 교섭력이 떨어지고, 판촉 행사 등에서도 불리할 수밖에 없었다.

이처럼 생산 과정에서부터 배송, 판매 등 제반 분야에 걸쳐 규모가 작을수록 비용은 올라가고 수익은 떨어질 수밖에 없는 구조였다. 경쟁력을 갖추려면 규모를 키워야 했다.

그래서 공동 생산을 희망하는 농가들과 협의를 거쳐서 7곳을 추가로 모집해 총 10곳의 협력농가를 만들었다. 2004년 협력농가 10곳을 묶어 유기농 영농조합법인을 설립한 후 내가 대표를 맡았고, 협력농가들에게 유기농 재배 비법을 전수했다.

"류 사장, 근데 말이야, 우리야 좋지만 재배 비법을 다 알려줘도 괜찮은 건가?"

"그럼요. 우리 모두 잘살자고 하는 건데 당연하죠."

"그래도 자네가 어렵게 터득한 건데 그걸 공짜로 퍼줘서야 되겠어?"

"이게 무슨 특별한 비법이라고요. 조금만 공부하면 누구나 다 알 수 있습니다."

대부분의 사람들은 자신이 힘겹게 터득한 비법을 공짜로 전수하기 꺼린다.

하지만 나는 내가 알고 있는 유기농법이든 새로 시도하는 영농 기술이든 모두 공개한다. 현재 홈페이지에 등록된 사진과 재배 노하우가 모두 그런 것이다. 요즘같이 인터넷의 발달로 재배기술이 평준화된 시절에 굳이 감출 일이 무엇이 있는가.

문제는 비법이 아니다. 비법을 속속들이 알고 있어도 이를 자기 것으로 소화해야 비로소 만족할 만한 결과물을 얻는 것이지 그저 방법을 안다고 모두 성공하는 것은 아니다.

영농조합법인 설립 후 생산 수준은 눈에 띄게 좋아졌다. 생산이나 배송 상의 비용은 다소 늘었지만 공급 물량이 몰라보게 늘었고, 그 덕분에 대형마트와의 가격협상에서 유리한 위치를 점할 수

협력농장이 늘어나면서 공급망은 점점 안정을 찾았다.

있었다. 때마침 사회적으로 웰빙 열풍이 불자 대형마트들도 친환경 식품 매장의 규모를 확장했고, 덩달아 쌈 채소의 공급량이 2~3배로 늘어나면서 매출이 수직으로 상승했다.

협력농장들은 쌈 채소 생산에 그치지 않고 지속적인 대책 마련을 위해 자주 모였다. 한 달에 2회 이상 정기적인 모임을 통해서 정보 공유, 신기술 개발, 판로 대책 등 현안을 논의하며 법인을 꾸렸다.

"브로콜리 소비가 급증하고 있는데 우리 충주에서는 한겨울에 생산할 수는 없잖아."

"그렇다고 겨울 출하를 포기할 수는 없지. 어떻게 한겨울에도 브로콜리를 생산할 수는 없을까?"

"아니, 제주도에서는 겨울에도 한다잖아."

"그래, 류 사장. 제주도에 협력농장 하나쯤 있어야 될 것 같지 않아?"

"어디 제주도뿐이야. 강원도에도 있어야지. 고랭지에서 잘 자라는 채소가 있고, 따뜻한 곳에서 잘 자라는 채소가 있으니 지역별로 특화시키는 것이 좋지 않겠어?"

"네, 그렇게 하죠. 전국 곳곳에 우리 협력농장을 구축하면 안정적인 공급 망이 구축되겠는데요."

소비자들이 원하는 쌈 채소를 일 년 내내 공급하기 위해서는 협력농장을 전국으로 확산할 필요가 있었다. 아무리 비닐하우스에서 재배한다지만 토양 조건이나 계절에 따라서 지역적인 한계에 부딪칠 때가 있었다. 그래서 강원도나 제주도 쪽으로 협력농가를 발굴해갔다.

2006년부터는 협력농장을 강원도, 제주도, 전라도 등 전국적으로 확대하고 있으며 2012년 현재 협력농장이 100곳이 넘는다.

chapter 02

시스템 농업에 미래가 달렸다

협력농장 선발 첫째 조건, 성품

협력농장을 심사할 때 가장 중시하는 항목이 있다. 바로 성품이다.

나는 10년 동안 마음을 수련하는 것보다 부모님에게 좋은 성품을 받고 태어나는 것이 더 중요하다고 생각한다. 참을성이 떨어지는 사람은 10년 수련도 도로아미타불. 기껏 10년간 참선하고 도를 닦아도 막상 화가 나면 욕부터 나오는 사람을 한두 번 본 게 아니다. 간혹 성직자 가운데도 듣기 민망한 소리를 할 때가 있다.

"아니, 신호등 떨어진 지 언제인데 왜 출발을 안 해? 나쁜 노무 새끼."

타고난 성품은 30년을 수련해도 바뀌지 않는다.

농부에게도 성품이 중요하다. 농부가 성품이 좋아야 채소 맛도 좋아지기 때문. 나쁜 마음으로 기른 채소는 질기고 맛이 없다. 이런 채소 아무리 먹어봐야 몸에 좋을 리가 없다. 채소를 기르는 사람이 너그럽고 기쁜 마음을 지닐 때 그 채소 역시 건강에도 좋고 맛도 좋은 채소로 자란다.

특히나 유기농 재배는 자신의 양심을 걸고 하는 일이므로 스스로 엄격한 기준을 적용할 줄 알아야 한다.

상추를 키우다 보면 벌레가 꼬이는 일은 다반사다. 특히 수확을 코앞에 두고 상추가 벌레 먹기 시작하면 마음이 조급해진다. 농약을 치지 않으면 상품성이 크게 떨어질지 모른다. 그동안 들인 노력이 수포로 돌아갈지 모른다.

이럴 때 농부들은 갈등에 빠진다. 눈앞에 6천 원짜리 농약이 어른거린다.

'누가 보는 것도 아닌데 딱 한 번만 약을 치자. 다음부터 잘하면 되지.'

이렇게 자신과 타협하며 양심을 저버리는 순간 유기농도, 소비자 신뢰도 모두 물거품이 된다.

순간순간 유혹을 견딜 수 있는 힘은 바로 성품에 달렸다. 성품이 바른 농부는 당장 내일 쫄쫄 굶더라도 양심을 지킨다.

협력농가에게 주문하는 것은 바로 양심이다. 현재 전국에 100곳 이상의 농가와 협력 관계를 유지하고 있는데 내게 천리안이 달린 것도 아니고, 이 모든 농가를 매일 순찰할 수 있는 것도 아니다. 농약을 치는지 안치는지 24시간 내내 감시할 수 없다면 나는 무엇을 믿어야 할까? 농약잔류검사를 통과하지 못한 농가는 작물을 전부 회수하고 그 길로 협력농장에서 탈락시키는 일 말고는 내가 할 일이 없다.

협력농가별 품목 선정과 평가

"예전에 다른 영농조합에 참여한 적이 있었는데 그때는 그냥 키우라는 것 하나만 키우면 그게 다였어. 그런데 여기는 좀 다르네."

 장안농장과 협력 관계를 맺은 농가들은 생산 품목 선정 방식이 색다르다며 놀라곤 한다. 대개는 조합에서 농가별로 생산 품목을 한 가지씩 지정해주면 각 농가는 해당 품목만 생산하고, 공급한 만큼 돈을 받으면 끝이었다.

 그러나 장안농장은 공동생산 방식으로 운영한다. 현재 전국 협력농장에서 생산되는 쌈 채소는 그 종류만 100가지가 넘는다. 100가지의 쌈 채소를 연중 공급하기 위해서는 무엇보다 계획적인 생산과 출하량 조절이 관건인데 한 농가에 하나의 품목을 전적으로 맡기기에는 시설이나 규모, 재배 기술 등에 한계가 있었다.

 그래서 장안농장에서는 시기별로 품목을 나눠서 생산하는 방식을 취했다. 이렇게 하면 같은 품목을 여러 곳에서 동시에 재배할 수 있으므로 일반적인 납품 방식의 단점을 보완할 수 있는 것이다.

 물론 공동 생산이라고 해도 품목을 무조건 1/N로 나누는 것은 아니다. 쌈 채소 중에는 손이 덜 가면서도 소득이 높은 품목이 있고, 정반대인 품목도 있기 때문이다. 당연히 손이 많이 가고 소득이 적은 품목만 넘겨주면 어느 농가가 협력농장을 하려고 하겠는가? 이를 공평하게 나누어 소득이 골고루 돌아갈 수 있도록 배려하는 것이 협력농가 운영의 관건이다.

예를 들어 적상추, 치커리, 케일, 뉴그린, 당귀, 흑상추, 청상추, 청겨자, 적겨자의 9가지 쌈 채소를 A, B 협력농장에서 생산한다고 가정해보자.

A 농가에는 이윤이 높고 재배가 쉬운 적상추와 치커리를 맡기는 동시에 이윤이 적고 재배가 어려운 케일, 뉴그린, 당귀를 함께 분배한다. 마찬가지로 B 농가에도 이윤이 높은 적상추, 흑상추, 청상추를 맡기는 동시에 다소 재배하기 어려운 청겨자, 적겨자를 분배한다. 이런 식으로 수익과 재배 수준을 고려하여 품목을 배정하면 큰 잡음 없이 조합을 꾸릴 수 있다.

한편 매년 12월이 되면 지난 1년간의 성과를 놓고 협력농장을 평가한다.

가장 중요한 평가 기준은 바로 재배 수준이다. 같은 치커리를 재배하더라도 농장마다 품질이 다르다. 따라서 품목별 재배 수준을 평가하여 최상의 품질에는 A, 중간 품질에는 B, 이보다 품질이 낮으면 C등급을 매긴다.

이런 평가를 바탕으로 A등급 쌈 채소를 많이 생산한 협력농가에는 제일 소득이 높은 품목을 우선 배정한다. 이런 보상을 통해 품질 경쟁을 유도하는 것이다.

 품질 외에도 농가들이 얼마나 농사에 열중하는지, 성품이 올바른지 여부를 따져 점수를 매긴다. 예를 들어 대외적인 행사가 많은 농장이나, 정치에 기웃거리거나 감투를 쓰고 있는 농가에는 감점을 준다. 가욋일에 쫓기다 보면 농사는 뒷전일 테고 그렇다면 품질은 기대하기 어렵지 않겠는가. 실제로 이런 농가에서 재배한 채소는 C등급인 경우가 많다.

매뉴얼에 의한 표준화 관리시스템

농산물 업체에서 대형마트와 거래하면서 가장 어려워하는 일은 무엇일까? 품질 유지이다. 특히 쌈 채소가 품질이 들쭉날쭉하면 소비자의 신뢰를 잃게 되고 결국 판매가 저조해져 거래가 지속되지 못한다.

 문제는 농산물이 공산품이 아니라는 사실. 공장에서 물건을 찍어내듯 늘 똑같은 상품을 만들기가 생각처럼 쉽지 않다. 제아무리 농사의 신이 왕림하더라도 매번 똑같은 품질을 유지하기란 생각처럼 간단한 일이 아니다. 우리 농장만 하더라도 토양이나 퇴비, 기온에 따라 미세한 맛의 차이가 발생한다.

 2001년 초부터 품질 유지를 고민한 끝에 매뉴얼을 만들어야겠다고 생각했다.

 현재 장안농장은 1농장부터 5농장까지 생산 시설을 갖추고 있는데 같은 농장이라도 비닐하우스에 따라 환경이 다르기 때문에 농장별, 하우스별로 별도의 매뉴얼을 갖고 있다. 각 매뉴얼에는 퇴비의 양, 물 공급량, 일조량, 휴경 기간 등이 계산되어 있어 일정 수준의 품질을 유지하기 용이하다.

협력농가 한 곳이라도 품질이 떨어지는 채소를 재배하면 영농조합 전체에 큰 타격을 받기 때문에 이 매뉴얼은 협력농장에도 그대로 적용한다.

따라서 협력농장에서는 자기 밭이라고 해도 물 한 바가지 함부로 줄 수 없다. 철저하게 매뉴얼을 따라 재배해야 하며 재배 과정은 일일이 기록으로 남겨 영농일지를 작성해야 한다. 이 덕분에 상추만 보고도 이게 몇 번 하우스에서 생산된 것인지, 어떤 영양제가 투여된 것인지, 무슨 물을 주었는지 쉽게 파악할 수 있다.

한편 매뉴얼과 병행하여 안전 팀도 가동하고 있다. 장안농장 소속의 안전 팀이 수시로 협력농장을 방문하여 생산이력 영농일지를 확인하고, 월 2회씩 자체 안전순회교육을 실시하는 것. 안전 팀의 방문은 철저히 비밀에 부쳐지며 항상 예고 없이 농가를 방문하여 매뉴얼대로 재배가 이루어지는지 점검하고, 실행 여부에 따라 점수를 매긴다. 만약 실행 여부가 불성실하다고 판단되면 협력농장에서 탈락시킨다.

품질 관리는 최종적으로 한 차례 더 이루어진다. 협력농장에서 생산된 모든 농산물은 장안농장으로 집결되는데 첫 수확이거나 새로운 농산물을 출하할 때는 181가지의 농약잔류 정밀검사를 거치도록 되어 있다. 완전무결한 농산물을 공급하겠다는 마음으로 실시하는 별도의 안전관리다. 그래서 협력농가들이 '기가 질린다.'며 혀를 내두른 적이 한두 번이 아니다.

아주 특별한 교육

나는 협력농장 교육에 많은 시간을 할애한다. 농사만 지어서는 성공할 수 없기 때문이다. 그런데 내 교육 방식은 다소 엉뚱하다. 의자에 앉아서 강의를 듣는 것보다는 눈으로 보고 온몸으로 느끼는 산교육이 더욱 효과적이라고 믿기 때문이다.

하루는 자동차 3대에 10명이 나눠 타고 현장 학습을 떠났다.

"류 사장, 오늘 교육 간다면서 어디로 가는 거여?"

"네, 오늘은 서울에 있는 김영모 빵집에 갈 겁니다."

"아니, 쌈 야채 키우는 우리 같은 사람이 뭔 빵집이여? 자네가 가자고 해서 가기는 하는데, 글쎄, 배울 게 있을까 모르겠네."

"그러게. 가서 빵이나 좀 사오면 모를까. 괜히 시간만 낭비하는 거 아닌지 몰라."

그렇게 얘기하는 사이에 목적지에 도착. 교육 참가자들은 빵집 구경하랴 빵 먹어보랴 정신이 없다.

"아니, 이 조그만 빵집이 그렇게 유명한 거여?"

"듣자하니 타워팰리스 사는 사람들은 죄다 이 집 빵만 먹는다면서."

"그 정도로 유명한 집이여? 어쩐지 빵맛이 예사롭지가 않구먼."

"종류도 진짜 많고 이렇게 맛있는 빵은 처음이여. 우리 애들 것도 좀 사가야겠는디."

"맛도 맛이지만 어쩜 빵들이 이렇게 예쁠까? 아까워서 어디 먹기라고 하겠는가?"

"그러게 말이여. 밀가루로 반죽해서 대충 만드는 줄 알았더니 그게 아니네. 오늘 류 사장 덕분에 눈이 호강하는구먼."

교육이라고 하지만 사실 내 역할은 별로 없다. 단지 몇 마디 말만 덧붙이면 된다. 그게 현장 학습의 최대 장점이 아니겠는가.

"많이들 드셨어요? 이 빵집 주인이 제과명장이라고 합니다."

"제과명장? 그게 무슨 말이여? 다 같은 빵집 주인이 아니란 뜻인가?"

"그럼요, 제과명장이란 빵을 제일 잘 만드는 사람에게만 주는 훈장이랍니다. 빵 하나도 최고로 만들기 위해 얼마나 노력을 기울이는지 모릅니다. 우리도 이 정도는 해야 되지 않겠습니까?"

"듣고 보니 그러네. 우리도 이 집 빵처럼 최고의 채소를 만들어야겠구먼."

"우리도 채소명장 소리는 한번 들어봐야 되겠네."

피자집도 자주 찾는 현장 학습장 가운데 하나다.

"아이고, 정신이 없다야. 뭔 놈의 피자집에 이렇게 사람이 득시글거리냐."

"우리 같은 촌놈이 피자 맛을 알기나 혀요? 뭐 하러 이런 데를 다 들어와요?"

"이 사람아, 우리가 먹으러 온 게 아니잖아. 류 사장 의도는 우리가 뭔가를 깨닫기 바라는 거지."

"그런데 피자집하고 우리하고 무슨 상관인데요?"

교육자들이 우왕좌왕하고 있으면 그때 한마디를 던진다.

"다들 좀 보세요. 직원들이 생글생글하게 웃고 있는 저 모습을 말입니다. 얼마나 활기차고 생기발랄합니까? 17,000원짜리 피자 한 판 팔면서 저토록 철저하게 서비스를 하고 있습니다. 우리도 저들처럼 할 수 있나요? 저런 모습을 본받아야 합니다."

바둑은 직접 둘 때보다 옆에서 지켜볼 때 급수가 오른다는 말이 있다. 마찬가지로 농업 역시 밖에서 바라볼 때 더 잘 볼 수 있다. 빵과 피자를 보던 눈으로 우리 상추를 바라보면 전혀 다르게 보이는 원리이다.

처음에는 다들 나의 교육방법을 이해하지 못했지만 지금은 어디라도 따라나서며 하나라도 더 많이 배우려고 하신다.

'농업과 농장이 갖춰야 할 모든 시스템을 갖춘 농장'

내가 가장 자랑스러워하는 장안농장의 소개 글이다. 이 시스템 가운데 가장 핵심으로 여기는 것이 바로 협력농장 운영시스템이다. 협력농장 선정부터 품목 선정, 평가, 기술 공유, 관리까지 현재의 운영시스템을 갖추는 데 근 10년이 걸렸다.

chapter 03

기업형 농장만이
살 길이다

이직률을 줄여라

예전에 서울에서 살 때 잠시 회사를 다닌 적이 있었다. 1년 동안 몸을 담은 직장이었는데 월급을 제때 받아본 적이 없었고, 3개월 치 봉급은 아예 받지도 못하고 퇴사했다. 그때 얼마나 분했는지 속으로 이렇게 다짐했다.

'내가 사장이 되면 직원들 월급만큼은 꼭 챙기자.'

지금도 이것은 나의 신조다. 그동안 우리 식구들에게 월급을 밀리거나 늦게 준 적이 단 한 번도 없다.

물론 돈이 넉넉해서 그런 것은 아니다. 자금이 돌지 않아 힘든 적도 너무 많았다. 포장하는 아주머니들 월급 밀릴까 봐 친척이나 친구를 찾아다니며 돈을 빌린 적이 한두 번이 아니었다. 아내가 참 고생이 많았다.

1998년부터 우체국 주문판매가 시작되고 충주 C마트에 입점하면서 어느 정도 판로가 확보되자 차츰 일하는 식구들을 늘렸다. 당시에는 마을 이웃들을 주로 고용했었다. 그런데 농한기에는 일손이 남아돌아서 문제가 없지만 농번기가 되면 다들 자기 농사짓기에 바빠서 애를 먹었다.

오늘 퇴비 만들기로 했는데 갑자기 결근을 하는 경우도 있었고, 포장처럼 매일 일손이 필요한 작업장에서도 집안에 일이 있다며 2~3일 간격으로 자리를 비우는 아주머니도 계셨다. 심지어 거래처로 물건을 배달할 시간이 임박했는데 배송기사는 약속시간을 밥 먹듯이 어겼다.

참 기가 찰 노릇이었다. 일자리가 비면 다시 구하고, 일을 가르치면 금세 나가는 일이 되풀이되었다. 끝내 두 손 두 발 다 들었다.

'이래서는 도저히 안 되겠어. 한 달이 멀다하고 사람이 바뀌니까 너무 힘이 들어. 이곳이 정식 직장이라면 이럴 수 있을까?'

그때부터 일반 회사처럼 꾸준히 일할 수 있는 사람을 뽑고 월급제를 시행했다. 자연스레 이직률이 줄었고, 회사에 대한 소속감도 생겼다.

2001년 대형마트와 계약을 체결한 뒤로 매출이 안정화되자 점차 회사다운 모습을 갖춰갔다. 그때부터는 유동적, 단계적으로 주 5일

근무를 시행하고 4대 보험에 가입했다. 그리고 농장 곳곳에 체육시설과 쉼터 등을 갖추고 직원 복지에도 관심을 갖기 시작했다.

애벌레가 나비 되다

그러다 2002년에는 허름한 창고에 사무실을 마련해서 둥지를 틀었다. 당시 직원은 사무실에 5명, 농장 인부 8명, 포장 인원 3명 그리고 판매점 직원 3명까지 총 19명이었다.

규모가 커지자 예전처럼 주먹구구식으로 운영하는 데 한계를 느꼈다. 식구가 적을 때는 나만 열심히 하면 먹고사는 데 지장이 없었지만 하루하루 늘어나는 농장 식구를 보니 방만하게 운영해서는 안 될 것 같았다.

2004년 협력농가 10곳과 함께 영농조합법인을 출범하면서부터는 상황이 급변했다. 협력농가뿐 아니라 농장 직원이 봇물처럼 늘어나자 책임질 일도 덩달아 많아졌다. 더 이상은 농장 개념으로 운영하기 곤란할 지경이었다. 이제 기업 경영 방식을 도입해야 할 때가 된 것이다.

그래서 2006년 농업계 최초로 INNO-BIZ(혁신인증) 기업 인증을 신청했다.

혁신인증은 주로 미래성장 가능성이 높은 핵심기술 보유 중소기업들이 받는 것으로, 정부에서 이들 기업을 대상으로 정책자금 지원, 경영컨설팅, 해외기술 인증 획득을 지원하는 제도였다. 당연히 수많은 기업들이 이노비즈 인증을 획득하기 위해 애를 썼는데 심사 기준이 매우 까다로웠다.

마침 2006년부터 농기업에 대한 정책적 지원을 강화하기 위해 인증 대상 업종에 농업 분야가 별도로 신설되었다. 마케팅 능력이나 경영혁신을 통해 우수한 성과를 올리는 서비스업종 중소기업도 경영혁신형 기업으로 인정받을 수 있게 제도가 정비된 것이다.

물론 농장에서 혁신인증을 신청하자 말들이 많았다. 요컨대 씨 뿌리고 수확하는 농가가 웬 기업 인증이냐는 뜻이었다. 심지어 어떤 사람은 나를 '미친놈'이라고 손가락질했다.

하지만 10년 동안 농사를 하며 내가 얻은 결론은 달랐다.

지금까지 농사는 씨 뿌리고, 가꾸고, 수확하면 끝이었다. 그런데 그렇게 해서 돈을 버는 곳이 몇 군데나 되는가? 이제는 채소를 가공하고, 디자인하고, 유통하고, 판매하는 모든 과정을 한꺼번에 진행하는 원 사이클 시스템을 갖춰야 농업도 살아남을 수 있는 시대다. 그러려면 당연히 기업 시스템으로 거듭나야 한다.

농업 혁신을 부르짖는다면, 농업의 내일을 기대하려면 혁신인증은 필수적인 절차였다. 애벌레가 나비로 변태하기 위한 최종 관문이었다.

물론 직원들의 반대도 만만치 않았다.

"혁신인증은 물건 만드는 중소기업들이 받는 거 아닙니까?"

"맞습니다. 우리가 하는 일이 그런 사업도 아닌데 왜 일을 복잡하게 만드세요?"

나의 의지는 굳건했다.

"우리는 장안농장이다. 장안농장 우리가 하는 일은 우리나라 농업의 미래를 만드는 일이다."

사람들의 편견만큼이나 준비 과정 역시 순탄치 않았다. 수백, 수천 페이지에 달하는 서류를 준비하고 작성하면서 단 한 번도 쉽게 이루어지는 것은 없었다. 특히나 농업법인에서는 처음으로 시도하는 인증이다 보니 벤치마킹도 불가능했다. 선발주자라도 있다면 보고 참고하겠지만 모든 일이 첫 테이프를 끊는 일이라 산 너머 산이었다.

물론 우리는 포기하지 않았고, 끝내 INNO-BIZ 인증을 통과했다.

웬만한 중소기업도 받기 힘들다는 이노비즈 인증을 획득하자 우리를 바라보는 업계의 시선이 달라졌다. 쌈 채소를 재배하는 작은 농장쯤으로 치부하던 사람들이 농장이 아니라 하나의 회사로 인식하기 시작한 것이다.

이노비즈 인증 획득 후 일하고 싶다는 문의 전화가 이어졌고, 이력서도 속속 도착했다. 개별적으로는 포장 부문에 대한 인식이 가장 좋아졌는데 업계 포장 부문에서 가장 일하고 싶은 회사로 소문이 자자했다.

능력과 실질을 숭상하라

장안농장이 기업으로 변모하면서 가장 경계한 점은 기존 기업의 권위적인 문화를 답습하지 않겠다는 점이었다. 이는 장안농장 전체 살림을 관리하는 사무실, 즉 채근당만 살펴도 확인할 수 있다.

사무실에 들어서면 직원들의 자리 배치부터 독특하다. 대개의 사무실은 직책이 높을수록 안쪽에 위치한다. 책상과 의자도 으리으리하다. 그러나 채근당 사무실은 이와 정반대이다. 제일 안쪽자리에는 제일 바쁜 직원이 가장 좋은 책상과 의자에서 일하고 있다. 대신 경력이 높은 직원일수록 문 앞쪽 위치한다.

한번은 어느 직원이 볼멘소리를 했다.

"아니, 사장님 제가 짬밥이 얼만데 자리가 이게 뭡니까? 제가 제일 안쪽에 앉아야 하지 않아요? 이제 갓 들어온 새파란 신입이 안쪽을 차지하는 게 말이 됩니까?"

"김 대리, 자네 사무실에 몇 시간이나 앉아 있나?"

"글쎄, 뭐, 하루에 3~4시간 정도요? 아무래도 여기저기 협력농장 돌아다니고, 거래처 다니다 보면 오래 있기는 힘들죠."

"그럼, 지난달 들어온 신입직원은 몇 시간이나 앉아 있을 것 같은가?"

"아, 그거야 신입이니 배워야 할 것도 많고, 거의 하루 종일 붙어 있겠죠."

"그래? 그럼, 누가 안쪽에 앉아야 하겠는가?"

다른 회사라면 아마도 경력에 비례하여 사무실 안쪽 자리를 차지할 것이다. 그러나 채근당에는 그런 고정관념이 없.

직책의 높고 낮음, 경력의 많고 적음이 아니라 사무실에서 오래 일하는 사람이 좋은 자리, 좋은 컴퓨터, 좋은 책상까지 차지해야 한다는 게 내 방침이다. 그러니 신입직원일수록 사무실 맨 안쪽에 배치하고, 경력이 많은 직원일수록 문 쪽에 가깝게 앉는 것이 자연스런 좌석 배치인 것.

하루는 고참 직원 한 명이 나에게 불만을 터뜨렸다.

"아니 사장님, 제가 여기서 일한 게 벌써 몇 년째입니까? 그런데 작년에 들어온 친구와 똑같은 대우를 받다니요. 이건 너무 하신 거 아닙니까?"

사람은 경력이 쌓일수록 그에 합당한 대우를 받고 싶어 한다. 그러나 나는 경력보다는 실력을 중시한다. 오래하는 걸로 치자면 100살 먹은 할머니가 대기업 회장도 되고 대통령도 되어야 하지 않겠는가. 그런데 어디 세상이 그런가. 오래한다고 성공한다면 누구나 다 늘그막에는 사장 노릇을 해야 하지 않겠는가. 하루 종일 일하는 것보다는 짧은 시간이라도 집중하여 성과를 내는 게 중요하다.

물론 나도 스스로에게 엄격한 기준을 적용한다. 회사에서 사장은 가장 높은 자리이므로 폼 잡기 딱 좋은 위치이다. 스스로 경계하지 않으면 금세 교만해져서 자기 말이라면 뭐든 다 통한다고 믿는다. 물론 나는 그런 사장이 되고 싶지 않다. 나는 발로 뛰는, 현장에서 일하는 농사꾼이지 양복 걸치고 사무실에 앉아 있는 일반적인 사장과는 거리가 멀다.

그래서 한동안은 사무실에서 제일 바깥쪽 문 옆에 마련한 작은 철재 구형 책상에서 일했다. 나도 줄곧 밖에서 생활하므로 이 자리가 매우 편했다.

그런데 사원들 보기에는 내 자리가 늘 마음에 걸렸던 모양이다.

하루는 직원들이 사장실을 만들자고 제안했다. 그때가 2008년이었는데 당시까지도 별도의 사장실 없이 사무실 한 쪽에서 업무를 보았다.

"사장실이 무슨 필요가 있어?"

"손님들도 많이 오시는데 직원들이 다 부끄럽고 민망합니다."

"손님들 오면 회의실에서 만나면 되잖아."

"그래도 직원이 200명 넘는 회사에 사장실 하나 없다는 게 말이 됩니까?"

"자네들도 알겠지만 사장실 만든다고 내가 며칠이나 앉아 있겠는가?"

그런데 직원들이 10년, 15년 후 오르고 싶은 자리로 내 모습은 너무 초라하다는 이야기를 하여 마음이 흔들리고 말았다. 일리 있는 말이었다. 그래서 13년 만에 처음으로 사장실을 만들기로 했다. 폼 나는 책상과 그에 걸맞은 의자, 거기에 최신형 컴퓨터까지 정말 그럴싸했다. 잠깐 의자에 앉아보니 신선이 부럽지 않을 정도로 푹신했다.

하지만 마음은 편치 않았다. 내게 이런 고가의 물건이 필요할까? 하루의 대부분을 농장이나 거래처에서 보내는 내게 이런 사무실은 사치요, 낭비라는 생각이 들었다. 그래서 신입직원에게 최신 컴퓨터와 비싼 의자를 가져다주고, 구형 노트북과 낡은 의자를 가져다 놓았다.

이것으로도 나는 충분하다. 사람들은 흔히 사장이라면 멋진 사무실에서 집무를 봐야 한다고 생각한다. 하지만 나는 그런 고정관념에서 탈피해야 한다고 생각한다. 사장님은 우아하게 늦게 출근하고 폼 잡는 직업이 아니라, 가장 공부를 많이 해야 하는 직업이다. 이런 고정관념으로부터 빨리 우리 직원들이 벗어나는 날이 왔으면 좋겠다.

새로운 농기구 갤럭시탭을 장만하다

전통과 권위로 움직이는 조직은 경직된 사고를 하기 쉽다. 나는 세상의 모든 권위를 싫어한다. 일이 되게 만드는 것은 상황을 정확히 반영한 정보와 고객의 니즈를 날카롭게 낚아챈 아이디어지, 절대 권위와 전통은 아니기 때문이다.

사람들은 우리가 갤럭시탭을 들고 다니는 모습을 보고 '디지털 유목민'이라고 불렀다. 도심의 화이트컬러를 흉내 내고 싶었던 것은 아니었고, 이 기기가 여러 모로 유용할 것 같았기 때문에 갤럭시탭을 직원들에게 제공했던 것이다. 실제로 갤럭시탭을 쓴 이후 불필요한 격식들이 줄어들고 커뮤니케이션이 원활해졌다.

농기구를 그 쓰임에 따라 정의를 내린다면 '농산물의 재배에 도움이 되는 기구'라고 할 수 있을 것이다. 마찬가지로 우리에게 갤럭시탭 역시 농기구였는데 왜냐하면 채소의 재배에 도움이 되었기 때문이다.

갤럭시탭을 쓴 후로 가장 좋아진 점은 업무 보고 시간이 단축되고, 격식 역시 간소화되었다는 점이다. 대개의 직원들은 상사를 어려워하여 말 걸기 힘들어한다. 또 대개의 이야기는 회의 시간에만 하는 경향이 있다. 나는 그걸 모두 격식이라고 보았다. 갑자기 전달해야 될 얘기가 있을 수도 있고, 회의시간에 할 수 없었던 말들도 있을 법하다. 이때 갤럭시탭을 통해 전달하면 얼마나 좋겠는가. 나 좋자고 하는 일도 아니고 우리 모두를 위해, 고객을 위해 하자는 것이 아닌가. 정보의 공유와 커뮤니케이션은 장안농장의 조직력을 높여줄 것이고, 조직력이 높아지면 자연 생산성도 올라갈 것이다. 벌집처럼 단단하게 응집된 장안농장을 만들기 위해서 불필요한 격식에서 벗어날 필요가 있었고, 갤럭시탭은 바로 그 매개가 되어 주었다.

또한 카카오톡 회의를 통해 딱딱했던 업무 보고 시스템을 유연하게 바꾸었다. 떨어져 있는 사람들을 언제든 연결해주는 카카오톡 덕분에 시간적, 공간적 제약을 넘어 대화를 할 수 있었고, 또한 농장에 나가서도 실시간 정보 검색을 할 수 있게 되었다.

스마트라는 건, 단순히 효율적인 일처리 방식을 말하는 것은 아닐 것이다. 우리가 무의식중에 지니고 있는 권위적인 사고방식, 예전에 했던 습관을 버리고 새로운 방식으로 갈아타는 것, 즉 현재의 방식에 맞는 습관의 진화, 생각의 진화가 곧 스마트가 아닐까.

chapter 04

사람이 곧 자산이다

인재는 현장에서 길러진다

현재 장안농장 직원은 200명이 넘는다. 초기 아내와 단 둘이 일하던 시절을 떠올리면 상전벽해가 따로 없다. 농장 규모가 커질수록 업무 분야는 세세히 쪼개졌다. 그렇게 업무가 전문화되다 보니 인재를 선발하고 교육시키는 일도 만만치 않게 되었다.

직원 관리에서 가장 중시하는 점은 교육과 시장조사다.

특히 전국 대형마트 67개의 직영매장에서 매일 소비자와 만나는 판매 직원들을 우선적으로 교육시키고 있다. 이 분들이 소비자에게 어떤 서비스를 하느냐에 따라 장안농장의 이미지가 달라지기 때문이다.

판매 직원들의 서비스 교육을 위해 내가 즐겨 찾는 곳이 있다. 첫 번째 장소는 바로 삼성전자 서비스센터.

"여러분, 삼성전자 서비스 센터 가보셨어요?"

"그럼요, 지난주에도 핸드폰이 고장 나서 다녀왔는걸요."

"그곳에 가면 어떤 생각이 드십니까?"

"글쎄, 뭐, 특별한 생각이 드는 건 아닌데, 거기서 일하는 사람들이 참 친절하더라고요."

"맞아, 그런 거 같아요. 몇 번을 찾아가도 정말 친절합니다."

"바로 그겁니다. 세계 제일 삼성전자가 뭐가 아쉬워서 그러겠습니까? 뭘 잘못한 것도 아닌데 말입니다."

"서비스를 잘해야 고객들이 감동하니까 그러는 게 아니겠어요?"

"네, 맞습니다. 우리도 바로 저런 모습을 배워야 합니다. 상추 하나를 팔더라도 이제는 특별한 서비스가 뒤따라야 합니다."

다른 한 곳은 전국 고속도로 톨게이트다.

전국 방방곡곡을 누비고 다닌 전력 덕분에 웬만한 톨게이트는 다 들러 봤다. 그런데 수십 곳을 다녀보아도 계산대 아주머니는 항상 친절하다. 명절이나 휴가 때 그렇게 많은 사람들을 상대하면서도 얼굴 한 번 찡그린 분을 본 적이 없다.

'어떻게 저 작은 공간에서 하루 종일 일하면서도 한결같은 표정을 지을 수 있을까?'

직원들에게 그 모습을 보여주고 싶었다. 유심히 관찰하던 직원들이 고개를 끄덕인다.

"정말 그러네요. 예전에는 별 생각 없이 그냥 지나쳤는데 저 분들 정말 대단하세요."

조금만 애정을 가지고 보면, 고객서비스란 어떤 것인지를 알게 된다.

유홍준의 『나의 문화유산답사기』 서문에 19세기 문인 유한준의 글귀를 옮겨놓은 부분이 있다. 유홍준 씨는 원문의 뜻이 어긋나지 않는 선에서 다음과 같이 의역했다.

> "사랑하게 되면 알게 되고 알게 되면 보이나니 그 보이는 것은 예전 같지 않으리라.
>
> (원문 : 知則爲眞愛 愛則爲眞看 看則畜之而非徒畜也)"

내가 직원들에게 주문하는 것은 채소에 대한 애정과 자부심이다. 이는 장안농장의 사무실 채근당(菜根堂) 직원들에게도 똑같이 적용된다.

사무직이라고 해서 무작정 사무실로 입성시키는 것은 아니다. 실제 매장에서 판매도 해보고, 3개월간 농장으로 출퇴근하면서 직접 상추를 키워야 한다. 이 과정에서 포기하는 사람도 정말 많았다. 하지만 인내심이 약한 사람은 장안농장에서 일할 자격이 없다. 이런 현장 체험을 통과하면 본격적이 교육이 시작된다. 가장 먼저 찾는 곳이 도곡동에 있는 스타슈퍼다.

"자, 보세요. 이곳에는 최고급 제품만 모여 있습니다. 최고라고 자부하는 생수만 20가지가 넘습니다. 그런데도 팔리는 게 있고 안 팔리는 게 있습니다. 그 차이가 뭘까요?"

"글쎄요, 좋은 생수 중에서 최고의 생수를 찾는 게 아닐까요?"

"우리 쌈 채소도 바로 그런 품질을 늘 유지해야 합니다."

그래서 최고급 제품은 뭐가 다른지, 소비자들은 어떤 제품을 고르는지 직접 관찰하도록 시킨다.

또 하나 강조하는 것이 바로 현장 감각이다.

사장으로서 가르쳐줄 수 있는 게 있고, 없는 게 있다. 그중에서도 현장 감각은 책이나 이론으로는 얻을 수 없고, 사장인 나로서도 어떻게 해줄 수 없다. 본인이 직접 체득하는 것이 유일한 방법이다.

일주일에 한 번도 좋고, 두 번도 좋다. 한 시간도 좋고, 두 시간도 좋다. 본인이 직접 상추를 봉지에 담고 포장을 해봐야 어떤 게 좋은 상추인지, 나쁜 상추인지 알 수 있다는 말이다. 물이 차가운지 뜨거운지는 본인이 직접 마셔봐야 한다.

같은 맥락에서, 친구들과 만나거나 미팅을 할 때도 가급적이면 홈플러스나 이마트, 롯데마트 식당에서 하라고 이야기한다. 판매 현장에 들러서 소비자들이 어떤 채소를 고르는지 보다 보면 자연 시장의 흐름도 터득하기 마련이다. 우리는 천재가 아니다. 무한 경쟁 시대에서 살아남으려면 남보다 한 시간 덜 자면서 공부하고 일하는 수밖에 없다. 노력이 우리의 경쟁력이다. 그렇게 땀을 흘리는 가운데 비로소 세계화를 부르짖을 수 있다.

세계 최고를 꿈꾸며

장안농장에서는 교육의 일환으로 해외연수를 실시한다. 자고 일어나면 달라지는 것이 세계 농산물 시장이다. 건강 기능식 샐러드는 나날이 개발되고 있고, 즉석으로 먹을 수 있는 채소도 속속 출시되고 있다. 숨 가쁘게 변모하는 시장에서 생존 전략을 찾기란 결코 쉬운 일이 아니다.

그래서 8년 전부터 사무실 직원들의 해외연수를 추진하고 있다. 2년 이상 근무한 직원을 대상으로 일본, 중국, 미국, 유럽 등지로 해외연수를 보낸다. 대신 가이드 없이 모든 과정을 스스로 선택하게 만든다. 1회성 이벤트에 그치지 않고 장기적인 계획을 세워서 공부할 수 있도록 하기 위해 최소 연 2회 이상 의무적으로 연수를 보내고 있다.

해외연수를 보낸다고 했더니 혀를 차는 사람들도 있었다.

"아니, 상추 파는 농장에서 뭐 하러 해외까지 보내?"

"그러게, 우리나라에도 상추 잘 키우는 사람이 얼마나 많은디? 쯧쯧."

세계에서 제일 맛있는 쌈 채소를 목표로 삼고 있다면 당연히 직원 교육도 그 수준에 걸맞아야 하지 않겠는가. 나는 남들이 하는 그저 그런 교육을 따라 하고 싶지 않다.

'화장실 휴지는 아껴 써라. 사용 안 하는 전등은 꺼라. 책상 정리를 잘 해라. 종이 아껴 써라. 사적인 전화는 밖에 나가서 해라.'

나는 이런 것을 가르치고 싶지 않다. 이 정도는 학교에서 배우는 것이다. 상추 팔아서 월급 주는 데 유치원 수준의 것을 알려주어야 하겠는가. 만약 이걸 가르쳐야 한다면 너무너무 억울하고 속 터지는 일이 아닌가. 최고를 꿈꾸는 사람으로서 이 따위 사소한 잔소리를 교육이랍시고 늘어놓아서야 되겠는가.

장안농장 물류센터 내부에는 이런 현수막이 걸려 있다.

"장안농장 우리가 하는 일은 대한민국 농업의 미래를 만드는 일이다."

설령 우리가 끝내 국내 농업 시장의 좁은 우물에 머무르고 말지라도 직원들에게만큼은 세계 최고의 농업 기술을 보여주고 싶다. 그들이 훗날 어떻게 발전할지 내 생전에 볼 수 없을지 모르지만 그들이 마음껏 세상 밖으로 나갈 수 있도록 지원을 아끼지 않을 것이다.

chapter 05

나는 참
행복한 사람

류근모, 너 정말 능력도 안 되는 사장 하느라 고생이 많구나
'아니, 농사만 지었다는 양반들이 어쩜 저렇게 말을 잘할까?'

　유명 농업 CEO들의 강의를 들은 적이 있었다. 하나같이 청산유수인 것이 막힘없는 달변가들이었다. 나는 내세울 만한 경영철학 하나 없는데 그분들은 뚜렷한 경영철학에, 비전도 확실했다. 카리스마 그 자체였다.

　고목나무에 매미라더니, 내 자신이 너무 초라했다.

　나로 말할 것 같으면, 말도 어눌하고 사람들 얼굴도 잘 기억하지 못한다. 거래처 담당자 명함을 받고도 직책조차 기억하지 못해 결례했던 적이 한두 번이 아니었다. 사장으로서 완전 낙제이다. 이러니 무슨 사장 노릇을 잘하겠는가. 명함 내밀기도 부끄럽다. 경영 잘하는 사람이 부러운 적이 한두 번이 아니었다.

어쩔 때는 이런 내 모습을 보고 스스로에게 위로의 말을 건넨다.

'류근모, 능력도 안 되는 놈이 사장 한다고 진짜 고생한다.'

이런 사장을 믿고 함께 일하는 직원들에게 항상 고맙고 미안하다. 평소 이런 마음을 감추지도 않는다. 한번은 신입 직원을 모아놓고 이런 말을 했다.

"나는 사장감이 아닙니다. 아직도 배울 게 많은 초보 사장입니다. 이러다 어느 날 실패할지도 모릅니다. 그렇지만 최선을 다하고 있으니 함께 잘해봅시다. 할 수 있는 한 최대한 열심히 해보면 좋겠습니다. 많이 도와주십시오."

그랬더니 여기저기서 그만하라며 눈짓을 한다.

"아니, 사장님! 그렇게 말씀하시면 어떡해요? 권위가 서질 않잖아요. 직원들이 어떻게 생각하겠어요?"

"뭐, 내가 틀린 말을 한 것도 아니잖아. 내가 어디서 사장 노릇하다가 온 사람도 아니고 나도 배우면서 하는 일인데."

신입 직원들로서는 황당했으리라. 어쩌면 속으로는 이렇게 생각했을지 모른다.

'아니, 무슨 사장이 저래? 사장이 카리스마도 있고 그래야지. 참 이상한 사장이네.'

다행히 직원들은 솔직한 모습이 참 인간적이라며 좋다고 했다.

"예전 회사 사장들은 진짜 허풍이 심했는데, 사장님은 정말 솔직하신 것 같아요. 첨엔 진짜 깜짝 놀랐습니다."

"저도요, 보통 사장님이 그렇게 솔직하게 말하기 힘드신데. 그 모습에 우리도 자극받았어요."

이렇게 말해주는 우리 직원들이 고마울 뿐이다.

나는 그저 뒷바라지해주는 사장

이토록 부족한 내가 잘할 수 있는 건 무엇일까? 다른 사장들처럼 비전과 철학을 제시할 수도 없고, 대기업만큼 연봉을 넉넉하게 챙겨주지도 못한다. 그렇다면 직원들이 즐겁게 일할 수 있도록 뒷바라지라도 잘해야 하지 않겠는가.

가끔 거래처와 약속이 생기면 근처 매장을 들른다. 고생하는 우리 여사님들(판매직원)에게 따뜻한 말 한마디라도 건네는 것이 사장의 할 일이 아니겠는가. 얼마 되지는 않지만 봉투에 돈을 담아 격려의 말과 함께 건넨다.

"얼마나 고생이 많으세요. 제가 여사님들 덕분에 힘이 납니다."

"아니, 사장님. 뭐 이런 걸 주시고 그러세요."

물론 많은 돈은 아니다. 그렇지만 이는 내가 가족들에게 해줄 수 있는 최소한의 마음이자 예의이다. 사장이라고 왔는데 빈손으로 찾아가기는 민망하다. 하다못해 박카스라도 들고 가서 격려해야 힘이 되지 않겠는가.

고생으로 치면 사무실 직원들도 빼놓을 수 없었다. 하루는 평소보다 일찍 출근했는데 사무실 구석구석이 지저분했다. 그래서 빗자루를 들고 청소를 시작했다. 물론 사무실을 청소하고 쓰레기장을 관리하는 직원이 따로 있었다. 하지만 직접 그 일을 해보니 얼마나 힘든 일인지 알게 되었다. 이 친구들도 참 고생이 많구나.

내가 사장으로서 능력은 한참 모자라지만 한 가지, 나는 참 인복이 많은 사람이다. 장안농장을 하는 동안 좋은 사람들을 많이 만났다.

우리 농장에는 17년 동안 나와 함께한 할머니 두 분이 계시다. 그동안 숱한 사람들이 머물다 떠났지만 그분들은 항상 내 곁을 지켜주셨다. 이리 뛰고 저리 뛰는 내 모습을 부모님 심정으로 바라보셨던 것 같다. 그분들에게 항상 고마울 따름이다.

"할머니, 걸을 수 있으실 때까지 계속 나와 주세요."

할머니 한 분은 이제 80세가 되셨다. 처음 뵀을 때는 아주 정정하셨는데 이제는 등도 굽으시고 얼굴에서 연세가 느껴진다. 그 연세에 일하시는 모습을 보면 안타깝기만 하다. 그래도 나는 할머니가 오랫동안 나오셨으면 좋겠다.

농장 식구들 중에도 소중한 분들이 너무 많다.

뻥튀기 장사를 하다가 그래도 농사가 좋다고 들어온 김 씨 아저씨.

사업 실패 후 한때 인생을 포기했으나 멋진 포크레인 실력을 보여주는 이 씨 아저씨.

젊은 아들과 가족에게 짐이 되기 싫다며 아내 사별 후 농장에서 일을 하는 감 씨 아저씨.

1년 이상 같은 직장을 다니지 못하고 툭하면 회사를 옮기곤 했으나 이곳에서는 6년 동안 일하면서 전체를 총괄하시는 남 팀장.

정말 어느 한 분 소중하지 않은 분들이 없다.

어디 이들뿐이랴. 요즘도 회사에 무슨 일이 있느냐고 묻는 전화가 걸려온다. 사무실 식구들이 퇴근도 안 하고 새벽 2~3시까지 일하는 날이 많기 때문이다. 늦은 밤 채근당에 꺼지지 않은 불빛을 보노라면 가슴이 짠하다. 어느 직원은 집에서 장안농장과 결혼했느냐는 이야기를 듣기도 한다고 했다. 모두들 서울대를 나온 것도 아니고 대학을 다 졸업한 것도 아니다. 사무실에는 장애인 직원도 2명 있지만 조금도 불편한 내색을 하지 않고 잘 적응하는 모습이 한없이 어여쁠 뿐이다.

이런 직원들이 있는데 어찌 행복하지 않겠는가. 이렇게 열심히 일하는 직원들을 잘 대우해주지 못해 마음이 아프다. 금전적으로라도 보상해주려고 열심히 뛰지만 아직도 많이 부족하다. 내가 역량이 부족해서 그런 것은 아닌지 나 자신을 채찍질한다. 이들에게 내가 무엇을 해주어야 할지, 성과를 어떻게 나누어야 할지 행복한 고민을 한다.

학력에 연연하지 않은 회사, 능력을 존중하는 회사, 근무 일수가 많다고 직급을 올리지 않는 회사, 근무 일수가 많다고 연봉을 더 주지 않는 회사, 넥타이를 매고 출근해야 하는 회사, 배송직원들조차도 정장으로 출근하여 옷을 갈아입어야 하는 회사, 지켜야 할 규정이 엄청나게 많은 회사, 그러나 규율만 지키면 자율이 너무 많은 회사, 이익의 분배가 원칙으로 정해져 있는 회사.

미래의 꿈이 있는 회사, 누구나 사장이 될 수 있는 꿈이 있는 회사, 한 달에 1회 이상 노동을 해야 하는 회사, 소규모 조합이지만 인트라넷이 가장 발달해 있는 회사, 모든 보고 사항을 인트라넷을 통해 처리하는 회사, 공지사항을 일일이 통보하지 않고 인트라넷으로 연결하는 회사, 모든 소통과 보고를 카톡으로 하는 회사, 최근에는 갤럭시탭으로 업무를 보는 회사, '늘시원'이라는 이름의 가장 깨끗한 화장실과 비데를 갖춘 회사, 대한민국 최초라는 닉네임이 100개도 넘는 회사, 지금 진행하는 모든 일에 최초라는 닉네임을 붙일 수 있는 회사, 아이디어가 샘물처럼 솟구치는 회사, '누구나 똑같이 만드는 상품이라면 누가 값싸게 만들고, 좋은 품질을 만들고, 앞서 만들고 감동을 주느냐?'는 사훈을 지닌 회사, 자타가 공인하는 세계 최고의 쌈 채소 전문회사!

아, 내가 이런 회사, 이런 직원들을 뒷바라지하는 사장이라니!

나는 참 즐겁고 행복한 사람이구나!

•

나는 수많은 농업 선배들이 어떻게 자신을 망쳤는지 지켜봤다.
정치에 열중하다가, 공짜를 바라다가 끝내 다시
돌아오지 못할 나락으로 떨어져버린 사람들을 숱하게 보았다.
그들을 반면교사로 여기며
나만큼은 그러지 말아야지 하고 다짐했었다.
그런데 어느 새 나도 모르게 그 선배들의 전철을 밟고 있었다.
'아, 내가 초심을 잃었구나. 내 본분을 망각했구나.
나는 농사꾼이다. 방송이나 강의는 내가 할 일이 아니다.'
농사꾼이 농사를 짓지 않으면 무엇을 하겠는가?
누군가 나를 찾는다고 해서 작물을 팽개치고 밖으로 돌아다니면 언제 농사를 짓겠는가.
내 능력을 스스로 잘 알기에
장안농장 하나에만 집중해도 24시간이 모자랄 지경이다.
나는 아직도 농사 공부만으로 하루가 모자라다.

•

04

1을 넣어 10이 나오는 요술항아리는 없다

귀농과 성공을 꿈꾸는 분들에게

chapter 01

농사는 드라마가 아니다

새벽 5시 30분 어김없이 자명종이 울립니다. 조금 더 자고 싶은 마음이 굴뚝같지만 6시면 도착할 대전 이마트의 배송차량을 떠올리며 억지로 몸을 일으킵니다. 발주 물량을 팩스로 확인한 뒤, 전날 할머니들이 수확하여 저온창고에 보관하던 쌈 채소를 싣기 좋은 곳에 옮겨놓고, 만약에 발생할지도 모를 책임 소재를 명확히 하기 위해 인수증에 생산자와 수량을 꼼꼼히 적습니다.

6시 10분, 대전 이마트 배송차량이 채소를 싣고 떠나면 곧 충주 이마트에 보낼 발주 물량을 차량에 싣습니다. 작업할 할머니들을 모시고 와서 오늘 작업량을 말씀 드린 뒤 충주 이마트로 향합니다.

농장으로 돌아오면 7시 50분. 딸아이와 중학교 2학년 아들을 차에 태워 유치원과 학교에 보내고 나면 9시. 아침을 먹으면서 오늘 일을 점검하고 커피 한 잔을 마십니다.

10시 30분에 열리는 시청회의에 참석하고 품질관리직원과 함께 월악산 양채 작목반농장을 둘러봅니다. 늦은 점심을 먹고 났더니 벌써 오후 3시 30분. 충주 시내에 위치한 박스공장을 방문하여 박스 제작을 협의하고 디자인 시안이 담겨 있는 시디를 컴퓨터로 확인했는데 기대치에 못 미쳐 재작업을 의뢰했습니다.

4시, 눈이 감기는 통에 도저히 운전을 할 수 없어 아파트 주차장에 차를 세운 채 한 시간가량 쪽잠을 자고 있으려니 20분 단위로 전화가 걸려옵니다. 5시 30분, 간신히 정신을 차린 뒤 부랴부랴 차를 몰고 협력농장으로 달려가서 채소를 차에 실으니 벌써 할머니들 귀가 시간. 시간 안에 도착할 수 없어서 애들 엄마에게 할머니들 귀가를 맡기고 나는 나대로 차를 몰며 오늘 수확량을 일일이 확인합니다. 주말인 내일은 평일에 비하여 주문량이 1.5배 증가될 것으로 예상하여 차질 없이 준비하도록 신신당부한 뒤 드디어 귀갓길에 오릅니다.

집에 돌아오니 물탱크 압력조절 장치가 고장 나 있습니다. 어둡기 전에 수리를 마쳐야겠다고 생각하고, 옷도 갈아입지 않은 채 물탱크로 달려갔습니다. 그랬더니 애들 엄마가 '외출복으로 작업한다.'며 속상한 소릴 합니다.

해 떨어지면 작업이 어려워 부랴부랴 수리를 하고 있자니 이번에는 누전차단기가 내려갑니다. 얼른 전봇대로 달려가서 뭐가 잘못되었는지 찾는데 마음이 급하니 쉬운 것도 얼른 찾아지질 않습니다. 빨리 끝내야 할머니들 작업한 쌈 채소도 저온창고에 넣고, 한국과 폴란드 축구도 볼 수 있을 텐데.

시합 5분 전 간신히 작업 완료. 저녁을 먹으면서 축구를 보다가 내일 물량에 대하여 팩스를 넣고 전반전이 끝난 틈에 재빨리 달려가 육묘장에 틀어놓은 물을 잠그고 축구를 마저 본 뒤 인터넷에 접속합니다.

웹호스팅 회사가 약속을 지키지 못한 예전 홈페이지의 링크와 사진 올리기 게시판, 농장일기 음악 파일 첨부 문제를 확실히 해결해 달라고 제작업체에 메일을 보냅니다. 시장조사표를 모처에 발송하고 신규 가입고객과 고객들께 답장과 메일을 보내고 게시판에 올라온 광고 글을 삭제하고 몇 군데 돌아다니며 장안농장 홈페이지를 홍보합니다. 자정을 코앞에 둔 11시 50분. 2농장 탱크에 물이 제대로 차고 있는지 확인하고 돌아와서 1시간가량 홈페이지 홍보를 더 하다 보면 새벽 1시, 이제야 비로소 단잠에 빠집니다.

2004년도 홈페이지 귀농일기 코너에 올린 일기 내용이다.

쉴 틈 없이 바쁜 나의 하루를 보시고 많은 분들이 말씀하신다.

"어떻게 그렇게 많은 일을 하느냐. 농사일이 그렇게 손이 많이 가는 일이냐."

농사를 지으려면 체력은 필수이다. 취미삼아 텃밭을 가꾸는 것이라면 모를까 먹고 살기 위해서 짓는 농사는 뼈가 으스러지도록 일해야 한다. 나처럼 사시사철 비닐하우스에서 일하는 사람은 365일 가운데 단 하루도 엉덩이 붙이고 쉴 틈이 없다.

간혹 귀농을 꿈꾸는 분들 가운데 농촌 생활을 체험하고 싶다는 분들이 있어서 우리 농장에서 일할 수 있도록 기회를 제공한 적이 있다. 그런데 100명 중 98명은 체력적 한계에 부딪쳐 중도에 포기한다. 심지어 반나절도 못 버티고 손을 털고 일어난 분도 있다.

귀농. 사람들은 이 말에서 꿈과 환상을 찾는다. 낭만도 있고, 여유도 있는 근사한 세계를 상상한다. 그러나 실제로 호미 들고 몇 시간만 쪼그리고 앉아 잡초를 캐다 보면 만만치 않은 일임을 깨닫게 된다. 농사를 지으려면 체력뿐 아니라 기술과 정신력까지 필요하다.

그러니 귀농에 대해 문의해 오시는 분들과 이야기를 나눌 때마다 안타까운 심정이다.

"혹시 농사지어보신 적은 있으세요?"

"그럼요, 매주 주말이면 가족과 함께 농장에 가서 토마토도 길러 보고 고추도 키워 봤어요. 경험을 쌓아야 하니까요."

"아, 주말농장 말씀이시군요."

"네, 처음엔 겁을 좀 먹었는데 막상 채소를 길러보니 아주 재밌고 할 만하더라고요. 농약도 안 쳤는데 토마토나 고추가 어찌 그리 잘 자라는지 모르겠어요. 아무래도 저는 농사 체질인가 봐요."

요즘에는 주말농장이다 뭐다 하며 귀농하기 전에 적성을 테스트하는 경우가 많다. 그런데 농사라는 게 참 신기한 것이 시험 삼아

해볼 때는 기막히게 잘 된다. 농약과 비료를 주지 않아도 배추, 토마토가 무럭무럭 자란다. 결과가 좋으니 자신감도 생기고 희망도 갖게 된다. 농사가 적성에 맞는다고 여긴다. 넘치는 자신감만큼 투자 의욕도 대단하다. 비닐하우스 지으랴, 농기계 구입하랴 농사에 필요한 준비를 마친다.

이렇게 농기계를 사들이면서 규모를 키울 때는 당연히 수확과 수익에 대한 기대치도 높아질 수밖에 없다. 그것이 바로 함정이라는 사실도 모르고 말이다. 그렇게 한두 차례 쓰라린 실패를 겪고 나면 농기계 대출이자도 감당하지 못해 쩔쩔 매는 경우가 많다.

농사를 취미로 할 때와 전업으로 할 때는 상황이 전혀 다르다. 농사를 짓기 위해서 갖추어야 할 지식과 기술은 생각보다 방대하다.

간단히 예를 들면 작물은 꾸준히 자라고 있는데 매일 같이 일이 터진다. 작물 재배에도 시간이 빠듯한데 모터가 고장 나고, 이유도 모른 채 벌레가 꼬인다. 하루 종일 모터만 고치고 있을 수도 없고, 언제까지 토양만 분석할 수도 없다. 그 사이 채소는 벌레에 뜯기고, 물이 부족하여 말라간다.

시간이라도 넉넉하면 차분히 처리하면 되겠지만 하루는 24시간. 주어진 시간 안에 해결하지 못하면 몇 달 농사 망하기는 일순간이다.

농사꾼은 농사와 관련된 모든 일을 처음부터 끝까지 혼자서 처리할 수 있어야 한다. 그러므로 손이 100개여도 모자라고, 임기응변이 100가지여도 부족하다. 농사는 막노동이 아니다. 하는 사업마다 실패하여 손에 아무것도 남지 않았을 때, 이제 믿을 것은 몸뚱

이밖에 없다는 심정으로 뛰어드는 그런 종류의 일이 아니다. 어떤 직종보다 더 많은 노력과 더 많은 경험과 더 많은 연구가 필요하다.

이런 속사정을 모르고 귀농을 마치 드라마처럼 여기는 사람들이 있다.

"농사는 친환경으로 하고 애들은 대안학교를 보내면서 여유롭게 살 거예요."

그러니 무엇을 부쳐 먹고 살 것인지 물어봐도 태평스런 표정이다. 그 생각이 나쁘다는 뜻이 아니라 물정을 몰라도 너무 모른다는 게 안타깝다.

농사짓는 사람 중 상당수가 일 년 내내 새벽부터 밤늦게까지 허리 휘어지도록 농사일에 매달린다. 그런데 손에 쥐는 것은 월급쟁이들 한 달 봉급도 안 되는 수입. 목돈을 만지기도 어렵고, 힘들게 재배한 작물을 도시 사는 자식들부터 일가친척에 사돈팔촌까지 나눠주고 나면 종자 값도 건지기 어려울 때가 많다.

물론 시골에 살면 돈 쓸 데가 없으니 지출은 줄일 수 있다. 그러나 400만 원 소득으로 1년을 살 수 있는 분이 아니라면 귀농을 말리고 싶다.

드라마를 보다 보면 이런 대사가 나올 때가 있다.

'할 일 없으면 시골 가서 농사나 짓지, 뭐.'

이런 소리를 들을 때마다 울화통이 치민다. 농사가 그렇게 만만하다는 말인가. 대충해도 되는 게 농사라면 왜 해마다 많은 사람들이 힘들다며 농촌을 버리고 떠나겠는가.

chapter 02

농부는 하늘을 원망해서는 안 된다

광설에 하우스가 부서지다

2004년 초겨울이었다. 당시 늘어나는 대형마트 납품 물량을 맞추기 위해서 농협에서 융자를 받아 난방시설을 완비한 비닐하우스를 추가로 지었다.

겨울에는 다른 계절보다 채소 가꾸는 데 힘이 더 든다. 특히 밤이 되면 추위에 얼지 않을까 어린아이 이불 여며주듯 비닐하우스 전체에 이불을 꼭꼭 덮고, 하우스 내부에도 아파트처럼 난방을 가동했다.

그런데 그해 12월, 전국에 걸쳐 폭설이 내렸다.

충주 지역에만 이틀간 50cm가 쌓였다. 농장은 온통 눈 천지였다. 세상에 이렇게 내리는 눈은 처음이었다. 그렇게 하염없이 내리는 눈을 보노라니 이것은 폭설이 아니라 광설이라는 생각이 절로 들었다. 야, 미치게 내리는구나!

마침 비닐하우스에서는 상추, 치커리, 양배추, 근대 등 쌈 채소들이 막 수확기에 접어들어 이제 출하만을 기다리고 있었다. 난방장치를 풀가동했지만 마음이 놓이지 않았다. 꽁꽁 얼어붙는 영하의 기온이 연일 지속되는 바람에 자칫 쌈 채소가 동사할지도 모를 일이었다.

'이걸 어쩌나. 대형마트에 출하하기로 약속했는데……'

만약 하우스 10동의 쌈이 모두 망가지면 금전적인 손해는 불 보듯 뻔한 일. 나아가 그간 쌓았던 마트와의 신용에도 금이 갈지 몰랐다.

말 그대로 설상가상이었다. 쌈 채소 피해만으로 끝날 상황이 아니었다. 비닐하우스 위로 자꾸만 눈이 쌓였던 것이다.

비닐하우스에 1m 높이로 눈이 쌓이면 $1m^2$당 평균 300kg의 하중이 발생한다. 총 넓이가 $50m^2$이므로 전체 하중은 자그마치 15톤이나 된다.

현재 강설량이 약 50cm라고 했으니 $50m^2$ 비닐하우스는 약 7톤이 넘는 하중을 받고 있는 셈이었다. 말이 7톤이지 일반 건축물도 아니고 비닐하우스가 과연 이런 무게를 견딜 수 있겠는가.

언뜻 보기에도 아슬아슬해 보였다. 만약 눈의 무게를 이기지 못하고 비닐하우스가 무너지는 날에는 철제가 휘고 비닐이 찢어질 것은 뻔한 일이다. 비닐하우스 한 동을 새로 지으려면 시설비에 인건비까지 천만 원이 든다. 워낙 시설비가 비싸기 때문에 최소한 5년은 사용해야 한다. 그런데 이 비닐하우스는 지은 지 고작 3개월밖에 안 된 신규 설비였다. 10동을 다시 지으려면 1억이 필요한데 이 돈을 또 어디서 구한다는 말인가.

설사 돈이 있더라도 최소 한 달은 기다려야 철제 자재와 비닐을 구입할 수 있었고, 인부 구하는 일도 만만치 않았다.

입안이 바싹 타들어갔다. 1분 1초가 급박한 상황에서 발만 동동 구르고 있는데, 속 타는 내 마음을 아는지 모르는지 눈은 그칠 줄 몰랐다.

방법은 하나뿐이었다. 쌈 채소는 고사하고, 우선 하우스 시설부터 살려야 했다. 비닐하우스 천장을 찢어서 눈을 제거하는 수밖에 없었다. 최대한 하중을 줄여야 했다.

농장의 온 식구들이 하우스로 뛰어갔다. 손마다 낫을 들고 천장의 비닐을 마구 찢었다. 그러나 낫으로 그은 자리는 있는데 눈은 밑으로 떨어질 줄 몰랐다. 낫을 버리고 삽을 들었다. 찢어진 자리를 가로막고 있는 눈을 퍼내면 눈이 주저앉으리라 생각했다. 그러나 그 자리의 눈만 얼굴로 쏟아질 뿐 하우스를 짓누르는 눈은 꿈쩍도 하지 않았다.

뺨으로 눈물이 주르르 흘렀다. 눈이 녹은 물인지, 진짜 내가 흘리는 눈물인지 구분할 수 없었다. 그렇게 눈물을 흘리면서도 삽으로 천장 뚫기를 그치지 않았다. 마음속으로 그 얼마나 '제발'을 외쳤는지 모른다.

그러나 노력한 보람이 없었다. 우지직 소리가 나더니 하우스 한쪽에서부터 힘없이 주저앉기 시작하여 끝내 폭삭 쓰러지고 말았다. 동시에 나도 털썩 주저앉고 말았다. 쌈 채소 위로 허연 눈발이 날리는 가운데 하우스 철제는 무기력하게 휘어져 있고, 찢긴 비닐만 바람에 펄럭였다.

쓰러진 비닐하우스를 부여잡고 하늘을 원망해 보았지만 소용없는 일이었다. 끝내 2004년 광설로 장안농장은 1억여 원에 가까운 재산 피해를 입게 되었다.

농사는 나의 천직이다

수출업체가 환율에 민감하게 반응하듯 농부 역시 날씨를 항상 주목해야 한다. 특히나 눈이 내리거나 폭풍우가 몰아치면 항상 초긴장 상태가 된다.

한번은 태풍 매미가 왔을 때다.

농장별로 하우스 시설을 확인하고 배수로를 점검하고 문단속을 철저히 하고 제발 아무 피해 없기를 빌고 또 빌었다.

그런데 밤이 되니 바람은 더욱 거세져 철판이 날릴 지경이다. 사람조차 다닐 수 없는 상황이었다.

비닐하우스가 어떨지 상상이 갔다. 이대로 내버려둘 수는 없었다. 급히 채비를 차리고 나가려는데 아내가 막아선다.

"밖에 태풍 오는 거 안 보여요. 지금 나가면 사람도 꼼짝없이 당해요. 나가지 마요."

"이렇게 눈뜨고 볼 수만은 없잖아."

"당신이 나간다고 어떻게 할 수 있는 것도 아니잖아요. 제발 그만둬요."

아내의 말마따나 내가 할 수 있는 일은 없을지 몰랐다. 그렇다고 집안에서 발만 동동 구르고 있는 것도 내가 할 일은 아니었다. 아내의 잔소리를 뒤로 하고 폭풍우가 몰아치는 농장으로 향했다.

막상 눈으로 보니 상황은 훨씬 심각했다. 2농장 비닐하우스 대부분이 강풍을 견디지 못하고 찢겨 있었다. 미친 듯이 펄럭이는 비닐을 붙잡아 보았지만 그것도 잠시뿐이었다. 바람은 하우스 전체를 집어 삼킬 듯 거세게 몰아쳤다. 도저히 버틸 수 있는 상황이 아니었다. 끝내 비닐이 날아가고 파이프가 휘어졌다.

지켜보는 내 마음이 사람 속이 아니었다. 너무 허망하다 못해 도망치고 싶을 뿐이었다. 내가 어쩌자고 하우스를 시작해서 이런 고통에 빠져야 하는지 하늘이 원망스러웠다.

비닐하우스를 하지 않는 농부들은 밤에 잠이라도 편하게 잔다. 그런데 비닐하우스로 농사를 짓는 나 같은 농부는 단 하루도 마음 편할 날이 없다. 하루에 열두 번도 넘게 가슴이 철렁 내려앉는 게 비닐하우스 재배였다.

여름철에는 비닐하우스를 열어놓지 않으면 하우스 내부 온도가 $60°C$까지 오른다. 고온에 노출된 채소는 화상을 입어 상품성이 없어진다.

그래서 비닐하우스 천장에 난 창문을 열어놓을 수밖에 없는데 이때 소나기라도 쏟아지면 하던 일도 팽개치고 농장으로 달려가야 한다. 제때 막지 못하면 채소가 소낙비를 맞아 상품성이 떨어지기 때문이다.

춥고 어두운 밤이면 강풍에 비닐이 날아갈까 봐 밤새 잠 못 이루며 안절부절못한다.

농부는 전생에 무슨 놈의 죄를 그리 많이 지었기에 비가 와도 걱정, 안 와도 걱정, 더워도 걱정, 추워도 걱정, 바람이 불고 눈 내려도 걱정인가. 춘하추동 어느 한시도 마음 편히 놓지 못하는 기구한 팔자를 타고난 사람이 바로 농부이다.

농사는 하늘의 뜻이기 때문에 하늘을 주관하는 하느님과 계약을 잘 맺어야 한다는 말들을 하곤 한다. 나 역시 비닐하우스 농사를 통해서 농사의 절반을 하늘이 짓는다는 사실을 온몸으로 절감하고 있다. 그래서 쌈 채소와의 인연이 벌써 17년이 다 되어가지만 예나 지금이나 농사는 참 쉽지 않다.

이처럼 힘든 일임에도 내가 농사를 그만두지 않는 이유는 수익 때문만은 아니다. 머리가 아둔해서도 아니다. 농사를 천직이라고 믿기 때문이다. 나는 정말 이 일을 사랑한다.

하루 종일 일에 묻혀 살아도 쌈 채소가 하루하루 커가는 모습을 보노라면 하루의 피곤은 다 잊는다. 몸이 피곤한 만큼 최상의 쌈 채소를 만들 수 있기에 힘들어도 즐겁기만 한다. 그러니 하우스가 넓을수록 내 즐거움과 희망도 크지 않겠는가.

chapter 03

농장이 나의 사는
즐거움이요, 보람이라

급성심근경색으로 사경을 헤매다

기어이 이런 날이 찾아오고야 말았다.

평소와 마찬가지로 새벽 5시 반에 일어나 강원도 협력농장과 서울 거래처를 돌며 400km를 운전하고 농장으로 돌아왔다. 그런데 차에서 내리는 순간 머리가 핑 돌고 가슴에 격렬한 통증이 왔다. 통증이 얼마나 심한지 숨쉬기조차 힘들었다. 결국 의식을 잃고 쓰러지고 말았다.

얼마나 시간이 흘렀을까. 정신을 차리고 보니 원주 기독교 병원 응급실이었다.

"여보, 정신이 들어요? 나 알아보겠어요?"

"아빠! 아빠!"

아내는 정신이 나간 상태였고 아이들은 아빠를 외치며 울고 있었다.

나는 전혀 심각하다는 생각이 들지 않았는데 주변 분위기가 심상치 않았다. 얼굴에는 산소 호흡기가 씌어져 있었고, 의사들과 간호사들이 뭔가 다급하게 이야기하며 뛰어다니는 소리가 들렸다. 의사가 내게 약을 투여했는데도 심장 통증은 사라지지 않았다.

"급성심근경색입니다. 지금 당장 수술해야 합니다. 수술 보증인이 한 명 더 필요합니다."

"네? 그렇게 위급한가요? 제 사인으로는 안 되나요?"

"아주 급합니다. 집안에 어른 한 명 더 데려오셔야 되겠는데요. 수술 중 사망할 수도 있습니다. 어느 정도 마음에 준비를 하셔야겠습니다."

가끔 가슴이 답답하고 통증이 있기는 했지만 피곤해서 그런가 보다 하고 그냥 넘겼는데, 급성심근경색이라니 황당하기 그지없었다.

급성심근경색이란 말 그대로 아주 짧은 순간에 관상동맥이 완전히 막혀서 심장이 기능을 잃는 상태를 말한다. 이렇게 되면 피가 돌지 못하고, 심장 근육이 마비되어 끝내 죽음에 이르고 만다.

급성심근경색의 사망률은 약 30% 정도로 병원에 도착한 후의 사망률도 5~10%에 이르는 무서운 병이었다.

죽을지도 모른다는 의사의 말이 떨어지자 가슴이 철렁 내려앉고, 무서운 생각이 들었다. 사업 실패 후 죽고 싶었던 적은 정말 많았지만 이런 식으로 세상과 이별하리라고는 상상하지 못했다.

산소 호흡기 때문에 말은 못했지만 갑자기 서러운 생각이 들면서 눈물이 주르륵 흘렀다. 내 인생이 이렇게 끝나는구나 생각하니 한없이 서글퍼졌다.

지난날이 파노라마처럼 눈앞을 스쳤다.

서울 단칸방으로 빚쟁이가 찾아오던 날, 경운기에 장롱 싣고 처갓집에 오던 날, 땅콩 농사가 실패로 돌아가 하늘을 원망했던 순간, 주문판매의 첫 주문이 들어와서 감격했던 순간, 상추 팔러 전국을 떠돌며 다닌 일, 인터넷 쇼핑몰, 쌈 채소 축제, 쌈 채소 공원, 박물관까지 마치 영사기 돌아가듯 모든 순간이 한 찰나에 뇌리를 스쳐갔다. 진짜 그동안 많은 일이 있었구나.

'그래, 지금 죽는다 해도 일에 대해서는 정말 미련이 없다. 사람으로 태어나서 이만큼 열심히 일할 수는 없을 거야. 일만큼은 최선을 다했어. 하지만 남은 가족들은 어떡하나? 남편 없이 아빠 없이 어떻게 살아야 하나.'

이렇게 인생을 접는다고 생각하니 가족에게 너무 미안했다. 그동안 일 핑계로 가족은 항상 뒷전이었다.

그러나 이런 생각도 잠시. 곧바로 생사를 결정하는 수술이 시작되었다. 3시간에 걸쳐 수술을 받는 동안 수차례 고비를 넘겼다. 다행히 수술은 성공적으로 끝났다. 하늘이 돕지 않았다면 그때 세상과 영영 결별했을 것이다.

"사장님은 못 말려."

마취에서 깨어나니 중환자실에 누워 있었다. 가슴의 통증은 사라졌다. 그런데 참 신기한 것이, 몸이 편해지자 곧 농장이 떠올랐다.

'지금 한가롭게 누워 있을 때가 아닌데. 쌈 채소들은 잘 자라고 있을까? 거래업체 물량에 맞춰 제대로 공급하고 있을까? 참, 다음 달에 있을 친환경 전시회 준비가 이미 끝났어야 했는데. 쇼핑몰 업그레이드 작업은 잘 진척이 되고 있겠지?'

수술 후 꼬박 열흘 동안 병원에 입원해 있었다. 그 시간이 너무 길고 답답한 것이 꼭 무인도에 갇힌 기분이었다. 벌써 마음은 농장에 가 있었고, 퇴원과 동시에 처리해야 할 일을 꼽아보며 지루한 시간을 견뎠다.

열흘 후 드디어 의사로부터 퇴원해도 좋다는 말을 들었다.

"정말 위험한 상황이었는데 큰 고비를 잘 넘기셨습니다. 앞으로 또 이렇게 무리하시면 언제 쓰러질지 모릅니다. 당장 담배부터 끊으세요. 당분간 절대 안정을 취하시면서 요양을 하셔야 합니다."

퇴원하는 날 몸무게를 측정해보니 수술 전보다 무려 7~8kg 줄었고, 온 몸에 힘이 하나도 없어서 걷기도 벅찼다. 그런데도 어서 빨리 농장에 가보고 싶은 마음에 푹 쉬라는 의사의 말도 잊은 채 퇴원하는 길로 농장으로 달려갔다.

아내와 직원들은 제발 집에 가서 쉬라며 내 앞을 막았지만 그러기가 쉽지 않았다. 쌈 채소의 성장 상태와 선도가 시원찮은 모습을 눈앞에 보고도 어찌 가만히 있을 수 있겠는가. 마음을 비우고 게을러져야 하는데 농장에 가면 그러기가 힘들었다.

"당신, 정말 나 죽는 거 보고 싶어서 이래요? 당신 없다고 문 닫는 거 아니니까 제발 당분간이라도 좀 쉬라고요. 의사 선생님 말 못 들었어요? 이전처럼 무리하면 죽는다잖아요."

아내의 계속되는 잔소리에 못 이겨 결국 쫓겨나듯 농장에서 나왔다.

그때 이후 조금만 게을러지자는 생각으로 건강에도 신경을 쓰면서 마음의 여유를 가지고 생활하고 있다.

급성심근경색으로 쓰러지기 전까지는 자나 깨나 일뿐이었다. 내가 웃는 것도 채소 때문이었고, 우는 것도 채소 때문이었다. 목표를 한번 정하면 먹지 않아도 배고프지 않고, 잠자지 않아도 졸리지 않고 오직 일만 생각하는 성격 탓에 어떤 날은 새벽 3시에 일어나서 '왜 이렇게 해가 안 뜨는 거야.' 하고 늦게 뜨는 해를 원망한 적이 한두 번이 아니다.

뿐만 아니라 귀농 후 지금까지 5시간 이상 자본 적이 거의 없고, 남들 다 간다는 여름휴가도 10년째 가본 적이 없었다. 남들은 1년에 2만km를 주행한다지만 나는 한 달 주행거리가 1만 2천이었다. 아침에 눈 떠서 잠들 때까지 쉬지 않고 비닐하우스로, 협력농가로, 거래처로 그렇게 하루 24시간도 모자라게 돌아다녔다.

이웃들은 이런 나를 보며 혀를 내둘렀다.

"장안은 일중독이야. 정말 독해."

"저렇게 죽어라 일만 하다가 일에 파묻혀 죽을 거야."

친구나 지인들도 쉬어가며 일하라고 타박이었다.

"일도 좋지만 몸도 좀 돌보면서 살아야지."

그렇지만 나는 스스로가 일중독이라고 생각한 적이 없었다. 그저 채소가 자라는 걸 보는 일이 너무 즐겁고, 신상품을 만드는 일이 재미있을 뿐이었다. 또한 내 쌈 채소를 즐겁게 먹어주는 이들이 너무 고맙고, 쌈 채소를 한 움큼 나누어주면 활짝 웃으며 받아가는 사람들 덕분에 그렇게 행복할 수가 없다.

이 일 외에 즐거움을 찾지 못하는 나로서는 내일도 모레도 그리고 앞으로도 이 일을 계속하리라는 생각뿐이다.

chapter 04

비우지 않고는
농부가 될 수 없다

강의 뛰랴 방송 나가랴 농사는 언제 짓는다니

"국립농산물 품질관리원 인증담당자를 위한 강의를 요청 드립니다."

"가덕 지자체 연수원입니다."

"안녕하세요. 양평 교육원입니다. 귀농귀촌 교육 현장방문 및 류근모 대표님의 강의를 부탁드립니다."

내가 성공 농업인으로 알려지면서 나를 찾는 곳이 부쩍 늘었다.

내 경험과 생각을 다른 사람과 공유하는 것도 좋겠다는 생각에 국가행정전문연수원, 지역 지자체, 여러 농업 관련 기관, 각종 연수원 등을 다니며 친환경 관련 강의를 했다.

방송국, 신문사에서도 장안농장이 여러 차례 소개되었다. KBS-뉴스라인, MBC VJ-특공대, 경제 관련 프로그램, 엄길청의 성공시대 등 출연한 프로그램도 제법 많았다.

요즘에도 방송국, 대기업, 대학, 농업기관, 종교모임 그리고 귀농단체까지 이곳저곳에서 성공사례에 대한 취재와 강의 요청이 이어진다. 사실 방송국에서 장안농장까지 직접 방문해주니 이보다 고맙고 감사한 일이 어디 있겠는가.

하지만 예전과 달리 강의나 방송 출연은 가급적 사양하고 있다. 남들은 방송 나가려고 돈 까지 쓰는 마당에 그냥 홍보해주겠다는데도 자꾸 거절하니까 참 희한한 사람이라며 색안경을 끼고 보는 사람도 더러 있다.

"아주 배가 불렀구먼. 인제 돈 좀 벌었다 이거지."

물론 내가 거절하는 이유는 돈 때문도 아니고 잘난 척하고 싶기 때문도 아니다.

더욱이 수차례 강의를 다니다 보니 강단에 서도 더 이상 떨지 않고 자신 있게 강의를 진행할 수도 있게 되었다. 요즘은 2시간 강의에 100만 원을 주겠다는 곳도 나타났다. 이 정도 액수라면 상추 파는 것보다 수입이 좋다.

그럼에도 강의 요청을 사양하는 이유는 농사에 전념하고 싶은 마음 때문이다. 나는 나의 한계를 잘 안다. 오지랖 넓게 여기저기 부르는 곳마다 찾아다녀서는 정작 농사에 소홀해지고 만다.

내가 돈 때문에 거절하는 게 아니라는 것을 아는 분들은 참 거절키 어려운 사람을 중간에 넣어서 설득하기도 한다. 이때가 참 난감하다.

그래서 강의 요청이 들어오면 아예 농담 삼아 이렇게 말한다.

"제 강의료는 한 시간에 1,000만 원입니다."

내 경험을 다른 사람과 공유하자는 생각으로 시작한 강의였지만 수십 차례에 걸쳐 강의를 진행하자 내 자신이 점점 다른 사람으로 변하는 것을 느낄 수 있었다.

강의가 끝나면 다들 대단하다며 칭찬을 아끼지 않는데 그럴 때마다 어깨가 으쓱해지더니 점차 거만을 떨고 있는 게 아닌가. 재차 강의 요청을 받게 되면 당연하다는 식으로 받아들였고, 경험을 공유하자고 시작한 강의였는데 하다 보니 자꾸 남을 가르치려 들었다. 내 직업이 누굴 가르치는 선생도 아닌데 내 본분을 잊고 자꾸 경거망동했던 것이다.

회의심이 들었다. 내가 있어야 할 곳은 강단이 아니라 농장이 아닌가.

나름 유기농에서 자리를 잡아가자 전국에서 정말 많은 사람들이 농법을 배우겠다고 나를 찾아왔다. 그런데 그들은 지금 어디 있는가? 성공한 사람이 왜 이리 적은 것일까? 다들 농사 말고 딴 데 정신이 팔려서 그런 것이 아닌가? 선배 농업인들이 어떻게 몰락하게 되었는지 그 모습이 떠올랐다.

생각이 여기에 이르자 정신이 번쩍 들었다.

처음 이해극 형님에게 유기농으로 쌈 채소를 재배하는 방법을 배우던 시절을 잊었는가? 그 형님에게서 받은 가르침을 벌써 잊었는가?

"농부는 낮아져야 하네. 위를 보지 말고 자신을 낮춰야 돼."

낮아지라는 말은 곧 겸손해야 한다는 뜻이고, 달리 말하면 농사꾼은 자신의 본분을 한시도 잊어서는 안 된다는 말이 아닌가.

나는 죽으나 사나 농부이다

다른 분야도 그렇지만 농업에도 실패의 패턴이 있다.

처음에는 죽어라고 농사도 짓고 공부도 한다. 열심히 한 만큼 성과가 따르므로 얼마 뒤에는 주변 사람들로부터 인정도 받고, 상패도 받는다. 그렇게 얼굴이 알려지면 방송도 타게 되고 강의 요청도 받게 된다. 그러다 보면 하루 이틀 농사일을 미루게 되고, 끝내 농사일은 뒷전이요 가욋일을 쫓아다니느라 정신이 없다.

농사 때문에 알려진 이름인데 농사가 뒷전이라니, 더 이상 강의할 것도 없고, 더 이상 취재할 것도 없을 뿐 아니라 이제는 농사도 다시 짓기 힘들다. 손쉽게 돈 버는 방법과 명예를 누렸던 사람이 다시 흙을 만지면서 살 수 있겠는가.

나는 수많은 농업 선배들이 어떻게 자신을 망쳤는지 지켜봤다. 정치에 열중하다가, 공짜를 바라다가 끝내 다시 돌아오지 못할 나락으로 떨어져버린 사람들을 숱하게 보았다.

그들을 반면교사로 여기며 나만큼은 그러지 말아야지 하고 다짐했었다. 그런데 어느 새 나도 모르게 그 선배들의 전철을 밟고 있었다.

'아, 내가 초심을 잃었구나. 내 본분을 망각했구나. 나는 농사꾼이다. 방송이나 강의는 내가 할 일이 아니다.'

농사꾼이 농사를 짓지 않으면 무엇을 하겠는가? 누군가 나를 찾는다고 해서 작물을 팽개치고 밖으로 돌아다니면 언제 농사를 짓겠는가. 그래서 방송이나 강의는 가능하면 사양하겠다는 것이니 결코 돈 때문도 아니요, 잘난 척하는 것은 더더구나 아니었다.

내 명함에는 '장안농장 대표' 말고는 다른 직함이 없다.

어떤 이는 직원 200명이 넘는 사장에게 다른 직함이 하나도 없다는 사실에 놀란다.

물론 마음만 먹으면 얼마든지 채울 수는 있다. 그동안 받은 상이나 직함만 해도 얼마인가. 금탑산업훈장, 대산농촌문화상, 신지식인, 대한민국 친환경 농업대상, 건국대 현장교수, 한국농업대학 현장교수 등 채우려면 한도 끝도 없다.

그 흔한 고등학교 동창회 회장 자리도 맡은 적이 없는 나다. 내 능력을 스스로 잘 알기에 장안농장 하나에만 집중해도 24시간이 모자랄 지경이다. 나는 아직도 농사 공부만으로 하루가 모자라다.

얼마 전 유명 대기업 식품회사에서 계열사의 CEO 자리를 제안해왔다. 이름만 대도 다 아는 유명 회사의 사장 자리에, 그것도 엄청난 연봉으로 나를 스카우트하려는 것이었다. 그렇지만 그 자리는 내가 앉을 자리가 아니라고 생각하여 바로 거절했다.

정치권에서도 연락 온 적이 있었다.

"정치 한번 해보지 않겠나? 자네 인지도라면 충분히 승산이 있어. 자네가 마음만 먹으면 내가 확실히 밀어주겠네."

그렇지만 정치 역시 내가 갈 길이 아니다.

거상 임상옥은 항시 계영배를 보며 마음을 다스렸다고 한다. 이 술잔은 적당히 따르면 아무 이상 없지만 차고 넘치게 따르는 순간 술이 모두 빠지도록 고안된 술잔이다. 원래는 술 욕심 부리지 말고 적당히 즐기라는 의미에서 만든 술잔이었을 것이다. 그러나 이를 삶으로 확대해도 무방하리라. 즉 계영배란 삶의 욕심을 경계하는 술잔을 말한다.

오늘도 계영배를 떠올리며 마음을 가다듬는다. 혹시나 나도 모르게 생길지 모르는 욕심과 교만을 누르기 위해.

나는 죽으나 사나 농부이다.

chapter 05

나의 성공 철학 1

내일 지구가 무너져도 나는 오늘 상추를 심을 것이다

사업에 실패하고 시골에 내려왔을 때이다. 하루는 피라미드 판매 조직에 몸담고 있는 친구에게서 전화가 왔다.

"촌구석에서 뭐 하고 있냐? 그러지 말고 서울로 올라와. 좋은 일거리가 있어. 잘만 하면 한 달에 5백만 원도 문제없다고."

"무슨 일을 하는데 그렇게 돈을 많이 받는 거야? 외국에 유학 다녀온 사람들도 벌기 힘든 돈을 내가 무슨 재주로 번다고?"

"아니야. 졸업장은 필요 없어. 초등학교만 나와도 충분하다니까. 나만 믿어."

친구는 피라미드 판매 방식이 어떻게 이루어지는지 미주알고주

알 늘어놓았다. 요컨대 판매망만 갖추면 누워서 떼돈을 벌 수 있다는 소리였다. 정말일까? 잠시 마음이 흔들렸다. 그러나 내가 아는 세상은 절대 호락호락한 곳이 아니었다.

"그게 말이 되니? 초등학교 졸업한 사람한테 월급을 5백만 원 준다고 하면 세상에 누가 대학교까지 보내려고 하겠어? 뭐 하러 돈 써가면서 석사, 박사 학위를 따려고 애쓰겠느냐고?"

"그건 몰라서 하는 말이고. 방법을 모르니까 그런 말들을 하는 거야. 네가 내 친구니까 특별히 알려주는 거라고."

친구는 계속 내 어려운 처지를 상기시키며 감언이설로 유혹했다. 하지만 내 귀에는 친구의 말이 허무맹랑하게 들렸다. 정말 그렇게 쉽게 부자가 된다면 왜 굳이 나에게 전화를 했겠는가. 자기 가족이나 친척에게 소개시키면 되지 않겠는가? 차마 친구 관계마저 끝내기는 어려워 절교를 선언하지는 않았지만 이런 일로 두 번 다시 전화하지 말라고 매몰차게 전화를 끊었다.

친구의 말처럼 그렇게 쉬운 길이 있더라도 그것은 내가 갈 길이 아니라고 생각한다. 설령 그 편하고 팔자 늘어지는 길이 내 앞길에 놓이더라도 나는 그 길을 따르고 싶지 않다. 나한테 맞는 길이 아니기 때문이다. 타고난 능력이 출중한 것도 아니고, 머리가 뛰어난 것도 아닌 내게 하늘이 그런 길을 허락한다는 것은 내 상식으로는 불가능했다. 그런 일은 나한테 너무 과분한 복이다. 내가 아주 바보는 아니더라도 나보다 잘난 사람, 머리 좋은 사람은 얼마든지 차고 넘친다는 것을 잘 알고 있다. 더구나 내게 그런 행운이 주어질

만큼 나는 착한 일도 하지 않았다. 나는 성공으로 가는 그렇게 쉬운 길이 있다고 생각하지 않는다.

성공을 말하기 전에, 우리가 너무 쉽게 성공을 꿈꾸고 있는 것은 아닌지 돌아보아야 한다. 세상에는 성공했다는 사람도 많고, 성공의 법칙도 많다. 그래서 사람들은 성공을 쉽게 말한다. 그 쉬운 성공이 여기 저기 널려 있는데 왜 내게는 찾아오지 않느냐고 투덜거린다.

잠시 성공이라는 말을 내려놓고, 스스로의 모습을 돌아보자. 나는 성공이라는 이름에 합당한 노력을 얼마나 했는지 자문해보자. 그 일이 너무 하고 싶어서 빨리 해가 뜨기를 간절히 바라며 뜬 눈으로 밤을 새운 적이 있었는가? 당장 돈은 안 되는 일이지만 그 일을 하면서 내 가슴이 뜨겁게 달아오른 적이 있었는가? 그리하여 하루 24시간이라는 제한된 시간 안에서 죽을힘을 다해 뛰어 다녔는가? 류근모, 너는 정말 후회 없는 삶을 살고 있는가?

그런데 사람들은 1을 넣으면 10이 되는 요술 상자를 꿈꾼다. 마음속으로 소원을 빌면 온갖 재화가 쏟아지는 맷돌을 갖고 싶어 한다. 그런 성공을 꿈꾸며 나에게 '성공 노하우'를 묻는다. 사람들은 단 한마디 말로, 단 하나의 노하우로 돈을 버는 방법이 있다고 믿는다.

그러나 그때마다 내 뇌리에는 지난날이 스친다. 하루에 3시간씩 자면서 서울에서 충주로, 가락동 농수산시장에서 장안농장으로 무수히 오고갔던 그날들이 떠오른다. 유기농에 대한 궁금증을 풀기 위해 제주도에서 전라도로, 충청도에서 강원도로 부지런히 다니던 그날들이 떠오른다.

그래도 답을 얻지 못하여 책이란 책은 모조리 뒤지며 밤을 지새웠던 그 숱한 날들이 떠오른다. 상추가 원하는 대로 자라지 않아 밭을 갈아엎고, 농약을 치지 못해 잡초를 뽑고 벌레를 잡았던 그날의 눈물과 원망이 주마간산처럼 눈앞을 스쳐간다.

온몸이 땀으로 흠뻑 젖은 채 상추 밭에 쪼그리고 앉아 일했던 그날, 입에서 얼마나 단내가 났는지 아직도 기억이 생생하다.

이제 남부럽지 않은 회사를 키웠지만 지난 17년을 돌아보건대 단 한 가지도 쉽게 이루어진 것은 없었다. 매번 미친놈이라는 소리를 들으면서 이 자리에 온 것이 아닌가?

내가 생각하는 성공의 의미는 다르다. 내가 부자를 목표로 삼았더라면 지금의 나는 없었을지 모른다. 이 정도면 충분하다고 여겨 중도에 그쳤을지 모른다. 새로운 투자에도 인색하고 통장의 잔고만 보면서 기고만장했을지 모른다. 그러나 내 목표는 돈이 아니었다. 돈은 성공이 아니다.

내게 성공이란 과거 완료가 아니다. 지금 이 순간이다.

지금 당장 이 순간을 어떻게 보내고 있는지가 중요하다. 어제에 안주하는 것도 성공이 아니요, 걱정 없이 내일을 안심하며 사는 것도 성공이 아니다. 지금 이 순간 내가 살아 있음을 느낄 수 있는 일을 하고 있다면 그것이 곧 성공이라고 생각한다. 결과가 중요하다면, 즉 돈을 많이 벌어야 하는 것이라면 '장안농장'은 오늘날에 이르지 못했을 것이다.

만일 그랬다면 급성심근경색으로 쓰러졌을 때 아마도 나는 은퇴를 고려했을지 모른다. 안락한 삶을 누리려고 했을지 모른다. 하지만 나는 그렇게 살지 못했다. 상추를 재배하는 그 순간만큼 내게 큰 행복이 없기 때문이다. 그 일을 하고 있는 것, 그 일에서 기쁨을 느끼고 있는 것이 곧 내게는 최고의 행복이자 최고의 성공이다.

사람에게는 수명이 정해져 있다. 일흔이든 여든이든 언젠가는 죽게 마련이다. 단명이든 장수든 사람은 반드시 생을 마감한다. 그렇다면 어떻게 살아야 할까? 생명 연장 기술을 꿈꾸고, 산삼을 먹으며 건강백세를 노래해야 하는가? 오래 사는 것이 삶의 목표인가?

우리의 모든 것은 바람에 흩날리는 먼지처럼 사라진다. 이를 안다면 굳이 갖고 못 갖는 것에 개의치 않고 지금을 생동할 수 있다. 지나간 시간에 연연하지 않고, 불안한 내일 앞에서 주저앉지 않으면서 지금 이 순간에 나를 기쁘게 하는, 내가 즐길 수 있는 일을 하는 것이야말로 성공이다.

네덜란드의 철인 스피노자가 '내일 지구가 멸망하더라도 나는 오늘 한 그루의 사과나무를 심겠다.'고 말했을 때 그 말은 절절이 내 가슴에 아로새겨진다.

바다보다 낮은 땅 네덜란드는 뚝이라도 무너지면 마을은 순식간에 물속으로 잠긴다. 자신이 땀 흘려 이룩한 소중한 삶의 터전이 한순간에 수면 아래로 사라지는 모습을 보면서 네덜란드 철인은 그래도 나는 사과나무를 심겠다고 외친 것이다.

삶과 죽음은 우리 인간의 뜻이 아니다. 성공과 실패 역시 우리 인간의 의지로 되는 일이 아니다. 하늘의 뜻이라면 실패도 겸허히 받들 수밖에 없다. 대신 나는, 비록 솟구치는 눈물을 막을 수는 없겠지만 다시 상추를 심을 것이다.

chapter 06

나의 성공 철학 2
변하지 않으면 내일은 없다

사람의 뇌를 잔에 비유한다면 뇌를 채우고 있는 생각이나 기억들은 잔에 담긴 물이라고 할 수 있다. 만일 이 잔에 물이 가득 차 있다면 새로 물을 따를 수 있을까? 원래 잔을 비우지 않고는 그 어떤 물도 새로 담을 수 없다.

우리 뇌는 고정관념으로 꽉 차 있다. 이 고정관념을 버리지 않고는 새로운 생각을 받아들이지 못한다.

나 역시도 고정관념에서 벗어나 새로운 것을 추구하는 일이 쉽지만은 않다.

매너리즘에 빠져서 어제와 똑같은 방식으로 오늘을 살아가려고 하고, 편하고 쉬운 길을 가고 싶다는 유혹에 사로잡힌다. 새로운 사업을 추진할 때마다 이 길을 먼저 간 선배가 있는지 찾기부터 하고, 복잡한 일보다는 손쉽게 할 수 있는 방법은 없을까 하고 궁리하기도 한다. 사람이라면 누구나 빠지는 이 함정 때문에 가끔 몸서리를 칠 때도 많다.

'야성을 잃고 길들여져 돼지로 전락하는 것을 아닐까? 자신이 잡아먹힌다는 사실도 모른 채 주는 대로 꾸역꾸역 처먹는 돼지가 되는 것은 아닐까? 세상이 어떻게 변화하는지도 모른 채 살아가는 것은 아닐까?'

불현듯 스스로를 돌아보고 자세를 다잡기 위해 찬 물에 세수를 한다. 고이는 물은 반드시 썩기 마련이다. 이 게으름의 습관으로부터 나를 지키기 위해 작은 습관을 실천하고 있다.

하루는 밥을 먹으려고 식당에 갔다가 이런 생각이 들었다.

'내 돈 내고 밥 한 끼 먹는 것이다. 그런데 이렇게 매번 똑같은 걸 습관적으로 먹어야 되나. 앞으로는 똑같은 식당에는 가지 않겠다.'

처음에는 맛있다고 소문이 자자하여 찾아갔던 집인데 이제는 그저 습관처럼 들러서 습관대로 주문하는 내 자신이 한심하게 여겨졌다. 이런 작은 일조차도 습관을 따른다면 다른 큰일은 어쩌겠는가? 과거의 성공에 안주하면 내일의 새 물결을 반드시 놓치게 된다.

이런 결심을 친구들에게 들려주었더니 이제는 별짓을 다한다고 편잔을 준다. 그러나 친구들의 말에 개의치 않는다. 명색이 농산물을 생산하는 내가 입맛에서도 까다로운 기준을 갖고 있어야 하지 않겠는가.

매번 다른 곳에서 식사를 했더니 입맛이 살아났다. 같은 맛에 길들여졌던 혀가 다른 집의 새로운 맛에도 눈을 뜬 것이다. 더 이상 기억과 습관으로 밥을 먹는 게 아니라 살아 있는 혀로 맛을 느끼면서 꿀꺽 삼키게 된다.

잔에 담긴 물이 항상 맑고 신선하려면 매일 물을 갈아주어야 한다. 우리 뇌에 담긴 생각 역시 매일 바꾸어야 한다. 세상이 이렇게 변하고 있는데 어제의 기억으로 살아서는 실패만이 기다릴 뿐이다.

우리는 공부를 왜 할까? 지식을 쌓는 것도 하나의 목적이다. 그러나 반대로 기존의 지식을 버리는 것이 더 중요하다. 더 이상 쓸모없는 지식은 버려야 한다. 지난 10년 동안 나에게 돈을 벌어다 준 지식이 있다. 그러나 내일부터 더 이상 쓸모가 없다면 미련 없이 버려야 한다.

머리를 비우자. 고정관념을 버리자.

농업은, 이 사업은 희망이 없다는 그 고정관념부터 삭제하자. 모든 것을 제로로 맞춰놓고 다시 처음부터 시작한다는 심정으로 세상을 새롭게 바라보자. 다 비웠다면 이제 그 텅 빈 마음의 밭에 새로운 생각을 심어보자.

아무리 보잘것없는 씨앗 하나라도 몸과 마음을 다하여 정성스럽게 심었다면 곧 아름다운 작물을 수확할 수 있을 것이다.

글을 마치며

2011년 11월 11일, 두 개의 1등 상을 받다

상을 받는다고 했다. 농업인 최초로 산업훈장을 받는다는 소식이었다. 경사인지 자랑인지도 모르겠고, 나에게 왜 이런 상을 준다는 건지 어안이 벙벙했다. 그러다 문득 아차 싶었다. 달력을 찾아보니 역시 생각대로였다. 같은 날인 2011년 11월 11일, 협력업체인 이마트에서도 수상식이 있었다. 이번 수상식은 이마트가 생긴 이래 처음으로 자신들의 협력업체에 상을 주는 날이었는데 내가 윤리경영대상 수상자로 선정되었다.

수상식 날짜가 겹친 것은 문제가 아니었지만 시간이 문제였다. 이마트의 시상식은 오전 9시 서울 성수동이었고, 산업훈장 시상식은 오전 11시 수원 농림부 농업진흥청이었다. 9시에 행사가 시작한다지만 최소한 1시간 이상은 걸릴 것이고, 게다가 최우수상 수상이기 때문에 내가 제일 마지막을 장식할 텐데 그렇다면 오전 10시 이전에는 절대 떠날 수 없다는 얘기였다. 과연 1시간, 아니 어쩌면 30분이 될지도 모르는 시간 안에 성수동에서 수원까지 무사히 도착할 수 있을까? 더구나 대통령이 참석하는 행사라서 리허설도 해야 한다는데 무슨 수로 제시간에 도착한다는 말인가. 도저히 답이 없었다.

나는 가능한 수단을 다 취해보기로 했다. 일단 이마트에 전화를 걸어 행사를 연기할 수 있는지, 시간 조절이 가능한지 물었다. 난색을 표했다. 다음, 경찰에 전화를 걸어 수원까지 가는데 도움을 받을 수 있는지 물어봤다. 정부 행사니까 혹시나 하는 마음이었지만 역시나였다. 마지막으로, 병원에 문의하여 앰뷸런스를 빌릴 수 있는지 물었지만, 역시나 허탕. 물론 기대하지도 않았지만.

정신을 차렸다. 타인의 힘을 빌려서 해결하는 방법은 당초부터 불가능한 일인지 몰랐다. '이럴 바에는 차라리 주행 시간을 단축하는 방안을 찾아보자.'고 마음먹고 행사 이틀 전, 차를 끌고 서울로 올라가 세 차례 예행연습을 했다. 30분 안에만 도착할 수 있다면 어떻게든 될 것 같았다. 실제로 이마트 성수동에서 수원 농림부까지 직접 차를 몰며 소요되는 시간을 체크하고, 어떤 길로 가야 시간을 단축할 수 있는지 해답을 찾았다. 연습 결과, 리허설 시간에 도착한다는 것은 불가능했고, 수상식 지각만 면해도 최선이었다.

드디어 행사 당일이 밝았다.

이마트 행사장에 앉아 있자니, 지푸라기라도 잡는 심정으로 시작했던 이마트와의 협력 초기 시절의 기억이 파노라마처럼 눈앞을 스쳐갔다. 마음 한 구석이 짠했다. 그러나 감동과 고마움도 잠시, 상을 받고 뒤돌아 단상을 내려오는데 가슴이 졸여오기 시작했다. 의례 행사들이 그렇듯이 시간이 조금 지체되는 바람에 행사장을 빠져나왔을 때의 시간은 10시 30분이었다. 남은 시간은 불과 30분. 예행연습을 통해서 계산한 시간으로 보더라도 매우 빠듯한 시간이었다. 축하 인사말에 일일이 고맙다는 말도 못하고 행사장을 빠져나와 곧장 차로 달려갔다. 혹시 접촉사고라도 나면 뒷수습을 부탁할 요량으로 직원 한 명을 보조석에 동석시켰다. 참고로, 직원에게 운전대를 맡기지 않은 이유는 나만큼 운전을 잘하는 사람이 드물다는 것을 알기 때문이었다. 어쨌든……

예행연습을 통해 몇 차례 달린 길이었지만 초조함은 사라지지 않았다. 손에서 자꾸 땀이 흘러 핸들이 미끄러웠다. 이마트 행사에 참석하면서 입었던 노란색 이마트 복장을 운전대를 잡은 채로 갈아입었다. 아마도 어릴 적에 보았던 동춘 서커스단의 기예단원처럼 보였을지도 모를 일이다. 그때는 나도 모를 불가사의한 힘이 나를 움직였던 것 같다. 머릿속에는 온통 늦으면 안 된다는 생각뿐이었으니까.

그렇게 눈썹을 휘날리며 수원으로 달려가는 와중에, 미리 도착해 있던 가족은 생고문을 당하고 있었다. 산업훈장은 수상자만 가려내고 금탑인지 은탑인지는 당일 행사장에서 발표하는 게 원칙이었다. 한마디로 행사를 주관하는 관계자만 아는 비밀. 그런데 금탑 수상자가 보이지 않으니 속이 타기 시작한 모양이었다. 관계자들은 울상이 된 얼굴로 왜 수상자가 여태 오지 않느냐며 가족들을 닦달했다. 결국 행사 관계자들이 내게 전화를 걸어왔다.

"이렇게 늦으시면 저희가 곤란합니다. 이럴 거면 아예 상을 취소하겠습니다. 대통령까지 참석하는 마당에 행사가 엉망이 되면 책임지시겠습니까?"

그들은 할 말 못할 말 다 쏟아냈다. 핸들 붙잡으랴, 신호 확인하랴, 전화기 붙들랴 정신없이 달려서 행사장에 도착했다. 딱 30분 만이었다. 말이 30분이지 서울 성수동에서 수원의 농림부 농업진흥청까지 30분 안에 간다는 것은 지금 생각해도 정말 아찔한 일이다.

도착 이후의 과정은 생략한다. 무사히 당도했다는 사실 때문인지 긴장이 풀리고 정신이 없어서 어떻게 상을 타고, 어떤 축하를 받았는지 잘 기억나지도 않았다. 수없이 터지는 카메라 플래시와 계속되는 악수, 그리고 축하 인사가 성수동-수원을 달리던 그 속도보다 나를 더욱 정신없게 만들었다. 그렇게 2011년 11월 11일 11시의 행사가 끝이 났다.

다음 날 신문에는 금탑산업훈장이 농업인에게 돌아갔다는 기사가 여러 군데 올랐고, 나는 신문을 내려놓은 뒤 여느 때와 다름없는 분주한 하루를 시작했다.

만일 누가 내게 그 상은 참 특별하다고 말한다면 부정하지 않을 것이다. 2011년 11월 11일 11시는 정말 특별한 날이었다고 얘기하는 사람이 있다면 이 또한 부정하지 않을 것이다. 그 공교로운 날 30분 만에 성수동에서 수원까지 목숨 걸고 달려갔던 이야기를 듣고는 정말 류근모 인생은 순탄치 않다고 말하는 사람이 있다면 이

또한 부정하지 않을 것이다.

  나에게 그 날, 그 상, 그 사건은 특별했고, 정말 소중히 간직할 만한 기억이다. 그러나 그뿐이다.

  그 날은 내가 달려왔던 수많은 날 가운데 하루였을 뿐, 내 인생의 모든 노고를 보상해준 날이었다거나 이제 죽어도 여한이 없다는 식의 의미는 아니었다. 다만 먼 길을 달려온 사람에게 베푸는 시원한 한 사발의 물이랄까. 마시면 시원하지만 다 마신 뒤에는 다시 자리를 털고 일어나야 하는 물 한 잔 말이다.

  그리고 나는 또 뭐가 그렇게 근질근질하여 어딘가에 숨어 있을 아이디어를 찾아, 분명 주위 사람들이 '안 된다'며 반대할 아이디어를 찾아 호기심 많은 어린아이처럼 여기저기 들쑤시고 다닐 것이다. 그게 설령 나를 성공으로 안내해주지 않더라도 말이다. 나는 영원히 호기심 많고, 궁금증 많은 농업인 아닌 농업인으로 살아가고 싶다.

류근모의 귀농십계명

❶ 즉흥적인 마음을 버리고 단계적으로 준비하라

'흙에 살리라', '저 푸른 초원 위에' 따위는 잊어라. 귀농은 '에이, 나도 농사나 지어볼까' 하는 마음으로는 결코 성공할 수 없다. 지금 당장 힘들고 귀찮으니까 인적도 드물고 자연과 벗 삼을 수 있는 농촌을 그리워하는 사람이 많다.

그러나 농촌은 우리가 꿈꾸던 그런 포근한 고향이 아니다. 땅도 있겠다, 별장이나 짓고 살아야지 하는 심보로는 절대 농촌에 정착할 수 없다. 누구는 귀농해서 잘 살더라 하는 뜬소문에 홀리지 않도록 주의해야 한다.

최소한 자가용에 밀짚모자를 갖고 다닐 만큼 마음 깊이 귀농 계획을 품고 있어야 한다. 즉흥적인 기분에 사로잡혀 엉겁결에 결정을 내리지 말고 최소 5년은 준비 기간을 거쳐 단계적으로 접근하자.

❷ 가족과 충분히 상의하라

어지간한 다짐으로는 안 된다. 아무리 수십 년을 함께 살았던 배우자라도 내 마음 같지 않아서 자칫 가족 사이의 불화로 종말을 맞이할지도 모른다.

설령 부부끼리 뜻이 맞아 귀농을 적극적으로 추진했을 수도 있다. 처음에는 마당에서 삼겹살을 구워 먹으며 '야, 농촌의 맛은 별미구나' 하고 느꼈을지도 모른다. 그러나 낭만은 길지 않다. 친척과 친구들의 방문이 점점 뜸해지면서 귀농 현실에 부딪칠 날이 찾아온다.

어느 틈엔가 배우자는 말수가 줄어들고, 남는 시간 책이나 보자고 했던 다짐이 시들해진다. 여유롭게 신문 한 줄 읽기가 힘들어질 때가 찾아온다. 귀농의 부푼 꿈은 저 멀리 사라진 지 오래고, 현실의 벽 앞에서 막막함을 느끼노라면 기어이 배우자는 나와 귀농 가운데 하나를 선택하라며 차가운 말을 내뱉는다.

그렇게 주말 부부가 되고 월말 부부가 되다가 나중에는 자녀들까지 찾지 않는 외로운 생활을 맞이한다. 앵두가 익고, 살구가 익어도 함께 나눌 가족이 없고, 설상가상 주머니는 텅텅 비고 절망의 그늘은 더욱 짙어진다.

이런 상황을 염두에 두지 않았다면 귀농은 아예 시도하지 않는 것이 바람직하다.

❸ 아름답지 않은 귀농을 생각하라

물 좋고 산 좋은 곳을 꿈꾸며 내려왔더니 강가는 멀고 뒷산에는 버섯 하나 자라지 않는다. 들짐승조차 살지 않는 산이다 보니 계곡 물줄기는 시원찮고 뒷산에는 열매 하나 찾기 어렵다. 오직 시커먼

산모기만 극성을 부린다.

　15만 원 주고 사서 1년을 키운 염소인데 고작 17만 원에 팔리고 나면 2만 원 남기려고 이 고생을 했나 한숨부터 나온다. 재배한 작물이 시원찮아서 팔기는 그렇고 여기저기 나누어주면 고맙다는 말은 듣지만 탐탁지 않게 여기는 표정들이 마음에 걸려 의기 소침해진다.

　통장의 잔고는 점점 줄어들고 예상치 못한 비용이 발생하여 숱한 날을 돈 걱정으로 지새운다. 더구나 농장 수입은 도시 근로자 연봉에 비하면 새 발의 피.

　이런 상황에서 최선의 선택이 무엇인지 결정할 수 있는 긍정적이고 낙관적인 성격이 없다면 귀농은 한낱 꿈과 같다.

❹ **자신의 능력을 냉철하게 따져라**

쥐꼬리보다 작은 수입으로도 생활할 수 있는가?

　새벽부터 밤늦게까지 탱크처럼 저돌적으로 일할 수 있는가?

　직접 판로를 개척하여 시장에 팔 수 있는가?

1부터 100까지 모든 일을 혼자 힘으로 감당할 수 있는가?

　도시에서 살면서 맺었던 인간관계를 적극 활용하면 못 팔 것도 없지 않겠느냐고 생각하면 오산이다. 정 안 되면 정리하고 다시 시작하면 된다는 생각도 오산이다. 서울과 근접성이 좋고 지역 주민 좋고 지자체 지원 좋으니 잘만 하면 땅값이 오르지 않겠느냐고 생각하면 역시 오산이다. 세상에 이런 귀농지는 없다.

❺ 도시생활과 연계할 수 있는 부분 귀농을 하라

도시에 살면서 익혔던 업무와 연계할 수 있다면 보다 현실적인 귀농이 될 수 있다.

예전에 세무 업무를 했었다면 세무와 연계된 부분 귀농을 생각할 수 있다. 도매업 경력이 있다면 자신의 농작물뿐 아니라 이웃의 농산물을 도매업과 연관하여 새로운 가치를 창출할 수 있다.

이렇게 다른 업종과 농사를 연결시키면 그만큼 성공 확률은 높아진다. 부부 가운데 한 명이 농업 이외의 업무를 맡을 수 있다면 도시 연계형 귀농으로 정착해 보자.

❻ 지역 밀착형 귀농을 시도하라

귀농지와 따로 놀아서는 안 된다. 지자체에서 마련한 교육프로그램이나 농업교육, 각 대학의 최고경영자과정처럼 좋은 프로그램을 빠지지 말고 찾아다니자. 성공적인 귀농 농가가 있다면 자신의 멘토로 삼아야 한다. 기왕이면 1대 1 멘토링이 가장 좋다. 최소한 1명쯤 인연을 맺어야 하고, 정 안 되면 장안농장의 상담코너도 이용해 보자.

요즘 각 지자체마다 귀농귀촌에 대하여 대대적인 지원을 아끼지 않지만 과연 자신에게 얼마나 도움이 될지 잘 따져봐야 한다. 단순히 지원을 많이 받는다는 이유로 덜컥 결정을 내리면 안 된다.

❼ 귀농의 최종 목표를 설정하라

돈인가, 편안한 삶인가?

돈도 중요하지만 농촌 생활이 자신과 잘 맞는지 염두에 두어야 한다.

돈도 갖고 싶고, 남에게 자랑도 하고 싶은 마음으로는 결코 농촌에 정착하지 못한다.

얼굴이 새카맣게 타도 좋다면, 매 끼니 채식 위주의 생활로 성인병도 없고 건강하게 지낼 수 있으니 얼마나 좋으냐고 생각한다면 일단 합격.

그 밥에 그 나물인 무덤덤한 시골 생활을 즐기며, 욕심에 초연하고, 항시 즐거운 마음으로 이웃과 어울려 잘살 수 있어야 농촌 생활을 즐길 수 있다. 그때 비로소 뒷산에 철 따라 나는 버섯도 따고 열매도 따면서 산을 탈 수 있게 된다. 수확 마친 작물을 서울 사는 자식들에게 소포로 부치기도 하고, 명절이면 자녀 있는 서울로 역귀성을 할 수도 있을 것이다. 그렇다면 신선이 따로 없다.

❽ 주말농장은 잊고 실전에 가까운 경험을 해보자

텃밭을 가꾸거나, 옥상에 마련한 스티로폼 상자에 고추를 키우거나, 5평 주말농장에 수십 명이 모여 아기자기 채소를 재배하는 일을 귀농 예비 연습이라고 생각한다면 오산이다.

전혀 낯선 곳에서 100평쯤 농사를 지어보고, 시설 원예에 취업하여 6개월쯤 실습하자. 그런 후에 결정해도 늦지 않는다.

❾ 돈 벌려고 귀농하지 마라

떼돈을 벌 수 있다는 생각으로 귀농을 하면 백전백패이다.

농촌 홍보 프로그램을 보면 다들 돈을 잘 벌고, 여유 있게 살아가는 모습이 나온다. 그러나 이는 환상이다.

이 환상에 혹해서 귀농을 꿈꾸어서는 십중팔구 쪽박을 찬다.

그처럼 돈을 벌려면 상상을 초월하는 노력이 필요하다. 그런 노력을 지금 다니는 직장에 쏟아 부으면 얼마든지 최고가 될 수 있다.

귀농으로 돈 벌기는 신용불량자가 은행 대출받기보다 어렵다는 사실을 가슴에 새겨야 한다.

❿ 고향 귀농은 재고하라

고향으로 귀농하면 장점이 많을 것 같지만 실상은 그렇지 못하다. 혈연, 학연이 있으므로 관공서의 지원이나 민원문제는 손쉽게 해결이 된다. 그러나 정작 농사 자체의 성공은 혈연이나 학연이 해결해주지 못한다. 더구나 농사에서 실패를 되풀이하면 도리어 연고가 없는 배우자는 더욱 외로움을 타게 되고, 본인 스스로는 이웃의 시선에서 상대적 박탈감을 느낀다. 초기 정착에서 받을 도움만 생각하지 말고 장기적인 안목에서 귀농을 생각하는 것이 바람직하다.

상추 CEO

초판 1쇄 발행 2009년 12월 11일
초판 8쇄 발행 2012년 03월 02일
개정판 1쇄 발행 2012년 08월 10일
개정판 11쇄 발행 2023년 12월 11일

지은이 류근모
펴낸이 김재현
펴낸곳 지식공간

출판등록 2009년 10월 14일 제300-2009-126호
주소 서울 마포구 합정동 373-4 성지빌딩 706호
전화 02-734-0981
팩스 0303-0955-0981
메일 editor@jsgonggan.co.kr
블로그 blog.naver.com/nagori2
페이스북 www.facebook.com/#!/jisikgg

편집 권병두
디자인 엔드디자인 02-338-3055

ISBN 978-89-97142-08-8 03320

이 책은 저작권법에 따라 보호받는 저작물이므로 무단전재와 복제를 금지하며,
이 책 내용의 전부 또는 일부를 이용하려면 반드시 저작권자와 지식공간의 서면동의를 받아야 합니다.

이 도서의 국립중앙도서관 출판시도서목록(CIP)은 e-CIP 홈페이지(http://www.nl.go.kr/ecip)와 국가자료공동목록시스템(http://www.nl.go.kr/kolisnet)에서 이용하실 수 있습니다
(CIP제어번호: CIP2012003323)

※ 잘못된 책은 구입하신 곳에서 바꾸어 드립니다.
※ 책값은 뒤표지에 있습니다.